HISTOIRE DE LA FRANCE ET DES FRANÇAIS au jour le jour

ANDRÉ CASTELOT
ALAIN DECAUX

MARCEL JULLIAN
JACQUES LEVRON

HISTOIRE DE LA FRANCE ET DES FRANÇAIS
au jour le jour

ROBERT LAFFONT

UNE RÉALISATION
DE LA LIBRAIRIE PLON ET DE
LA LIBRAIRIE ACADÉMIQUE PERRIN

1774/1792

LA FIN DE L'ANCIEN RÉGIME

ROBERT LAFFONT

Administrateur général
Claude da Cunha

Secrétaire de rédaction
Jacques Levron

Directeur artistique
Henri Frossard

Direction de l'image
Hubert et Christiane Decaux

Direction technique
Arnoux de Rémusat et Janine Mahuzier

Maquette
Elisabeth Kozma

Couverture
Alain Meylan

Rédactrice des légendes
Claude Picard

Documentalistes
Christine Janet, Michel Levron et Marie-Martine Sartiaux

Cartes
Gilbert Martin

Tableaux généalogiques
Claude Pradelle

L'Histoire de la France et des Français
se présente sous une forme strictement chronologique.
C'est, année après année, mois après mois, jour après jour,
le récit des événements, des origines à notre temps.
Ce *texte courant* est composé en caractères romains, avec,
en haut de chaque page, l'indication des années.

De nombreuses anecdotes s'intercalent au cours du récit et sont présentées
sous forme d'*encadrés* composés en italique.

Mais l'Histoire ne peut pas toujours s'insérer
dans un cadre chronologique, quand elle concerne,
par exemple, les institutions, les faits économiques et sociaux, l'art ou la littérature.
Il est bien évident que certains faits exigent un plus long développement.
Les auteurs ont donc ouvert de *Grands Écrans*.
Ces derniers, composés en caractères romains, se différencient
du texte ordinaire par un cadre bleu clair
et des filets verticaux bleu foncé.

Enfin, une Histoire de France ne peut être racontée seule.
Elle appartient aussi à l'Histoire du monde.
A la fin de certains chapitres, une rubrique *Et pendant ce temps...*,
composée en caractères gras, rappelle au lecteur
les principaux faits qui se sont, à la même époque,
déroulés dans d'autres pays.

ISBN : 2-221-50443-7

SOMMAIRE

Le règne de l'honnête homme 9

La royauté roule vers l'abîme 37

La Nation a la parole 55

Grands écrans

Grandes figures de la Constituante et de la Législative 66

La prise de la Bastille 72

Les derniers pas et faux pas de l'Ancien Régime 87

Grand écran

Une nouvelle France 96

Sources et bibliographie sommaires,
table des illustrations 117

LE RÈGNE DE L'HONNÊTE HOMME

Sur cette peinture de Monsiau, on voit Louis XVI donner ses instructions à La Pérouse avant que celui-ci (à gauche) n'entreprenne en 1785 le grand voyage de découverte qui devait immortaliser son nom. Loin d'éprouver, à son avènement, la sérénité de ses prédécesseurs, le roi Louis XVI avait accueilli la grande nouvelle de son accession au trône avec un accablement dont toute la cour avait été témoin. Il savait cependant depuis l'âge de sept ans qu'un jour il serait appelé à succéder à son grand-père, Louis XV. Mais, à l'heure fatidique, Louis - Auguste n'en fut pas moins effrayé par le poids de ses responsabilités. Cependant, certains de ses portraits révèlent un visage aimable et souriant, reflet de l'honnêteté et de la simplicité d'un homme de cœur. Mais la personne du roi était négligée, pataude et dépourvue de cette autorité qui faisait dire de ses prédécesseurs : « C'est le roi! »

1774, 10 mai

Quelques instants après la mort du roi, Louis XVI et Marie-Antoinette, qui se trouvaient dans leur appartement au rez-de-chaussée du château, entendirent « un bruit terrible, a raconté Mme Campan, et absolument semblable à celui du tonnerre » : c'était la foule des courtisans dévalant en courant la galerie des Glaces pour venir saluer le nouveau roi. Ils se jetèrent alors à genoux et se tinrent embrassés en murmurant : « Mon Dieu, protégez-nous, nous régnons trop jeunes! »

Le physique de Louis XVI a été gâté par le sang saxon de sa mère : son corps est épais et fruste. Pour lutter contre une obésité naissante, il chasse avec ardeur. Mais son aspect maussade et sa pataudene cachent des qualités de cœur, d'âme et de jugement qui en font un « brave homme ». Son plus grand défaut est assurément son manque de volonté. Son frère, le futur Louis XVIII, le décrira en ces termes : « Imaginez des boules d'ivoire huilées que vous vous efforceriez vainement de retenir ensemble. » Le mot « *Rien* » qu'il inscrit sur son carnet intime quand il ne chasse pas, est fâcheusement symbolique lorsqu'il s'agit de la consommation de son mariage qui n'aura lieu qu'en 1777, date à laquelle le bistouri viendra trancher la question — et cet état de fait aura de graves conséquences sur le comportement de Marie-Antoinette. Elle ne pensera qu'à se moquer, à s'amuser, à bousculer les anciens usages de Versailles et à vivre avec sa coterie. Son impopularité deviendra immense et sera une des causes du soulèvement du mois d'octobre 1789. A Vienne, au lendemain de la mort de Louis XV, l'impératrice Marie-Thérèse devine le danger car elle connaît les défauts de son archiduchesse préférée : « Le sort de ma fille ne peut être qu'entièrement grand ou bien malheureux... Je compte ses beaux jours finis! »

Cependant le nouveau règne est accueilli par des manifestations d'enthousiasme. On espère, l'on écrit *resurrexit* sur le socle de la statue d'Henri IV.

12 mai

Tandis que Mme du Barry, « prisonnière d'État », est conduite à l'abbaye de Pont-aux-Dames, le corps de Louis XV est transféré à Saint-Denis en pleine nuit. Sur la route, les cabarets regorgent de buveurs criant d'une voix de tête : « *Taiaut! Taiaut!* », imitant ainsi le ton un peu ridicule que le roi employait pour exciter ses chiens lancés à la poursuite du gibier.

Le soir même de la mort de son prédécesseur, le souverain est parti pour Choisy. Comment va-t-il gouverner? Deux partis politiques divisent la cour. Celui dit de Choiseul, l'auteur du mariage de Marie-Antoinette, et qui s'attend bien à être rappelé. Autour de lui se groupent l'abbé de Vermond, lecteur de Marie-Antoinette, Loménie de Brienne, archevêque de Toulouse, et les membres des anciens Parlements.

Le second, que l'on appelait parfois le *parti des dévots*, comprend le comte de Provence, frère cadet du roi, qui accuse Choiseul d'avoir affaibli l'autorité royale, les tantes du roi — Madame Adélaïde et Madame Victoire — très opposées à Choiseul à cause de sa conduite à l'égard de l'Église, enfin la puissante famille des Noailles. Sur le conseil de sa mère, Marie-Antoinette demeure neutre. Aussi Louis XVI interroge-t-il ses tantes qui lui recommandent Maurepas, disgracié en 1749 pour avoir chanté à un souper une chanson contre Mme de Pompadour. « Je n'ai que vingt ans, lui écrit Louis XVI, et je n'ai pas toutes les connaissances qui me sont nécessaires; de plus, je ne puis voir aucun ministre, tous ayant vu le roi dans sa dernière maladie. La certitude que j'ai de votre probité et de votre connaissance profonde des affaires m'engage à vous prier de m'aider de vos conseils. » Il n'est pas question de le nommer Premier ministre. Mais, dès son arrivée, adroit, insinuant, il s'empresse auprès du jeune roi, et, lorsque l'huissier vient avertir Louis XVI que le Conseil est assemblé, le vieux courtisan s'incline comme si la nouvelle le concernait aussi. Le roi se trouble et quitte son interlocuteur sans oser lui dire adieu. M. de Maurepas suit et s'assied au Conseil.

Maurepas gouverne avec Maupeou, toujours chancelier, et avec son neveu d'Aiguillon qui garde son portefeuille de secrétaire d'État aux Affaires étrangères, et cela à la fureur de Marie-Antoinette qui n'aime pas la « figure jaune » du duc d'Aiguillon et ne lui pardonne pas non plus de s'être rangé parmi les défenseurs de Mme du Barry.

2 juin

Depuis, la reine a harcelé son mari pour obtenir le renvoi de son ennemi. Maurepas, secrètement ravi de conserver le pouvoir pour lui seul, conseille à son neveu de ne pas poursuivre cette lutte inégale. Le 2 juin, le chancelier apporte au roi sa double démission.

Pour remplacer d'Aiguillon, Louis XVI choisit — excellente décision — de confier à Vergennes les Affaires étrangères.

Ancien ambassadeur et protégé de Mesdames, c'est un travailleur acharné — il demeurait près de douze heures à sa table. Un seul reproche : cet homme austère ne sait pas sourire. Grâce à Vergennes — dernier grand ministre de la monarchie — les affaires extérieures seront l'un des rares domaines où le roi réussira et dont il se plaira à s'occuper. Il aime son ministre et a parfaitement confiance en lui. S'il prend volontiers conseil de Madame Adélaïde pour les Affaires étrangères — en se rendant chez elle par un escalier dérobé — le roi se méfie de Marie-Antoinette et ne lui communique jamais les dossiers de Vergennes. Vergennes organisera avec tant d'ordre et de méthode le travail, l'administration, le classement des bureaux des Affaires étrangères, que la Révolution et l'Empire garderont ses réformes et la texture administrative conçue par lui.

12 juin

Commençant à mener sa politique de bascule, le roi, à la suite de la nomination de Vergennes, a accordé à Choiseul avec hésitation la permission de revenir à la cour. Aussi l'ancien ministre, acclamé par toute une foule, regagne Paris. On jette des fleurs sur son passage. A la cour, les princes le félicitent et sont persuadés qu'il va reprendre le gouvernail.

13 juin

Au lever du roi, première entrevue entre Choiseul et Louis XVI. Le roi se contente de lui dire :

— Monsieur de Choiseul, vous avez perdu une partie de vos cheveux.

Marie-Antoinette, elle, le reçoit fort bien, mais ne fait rien pour l'aider auprès du roi. En fait, l'Autriche n'a plus besoin de Choiseul : la reine elle-même sera un excellent agent de la politique autrichienne. Choiseul comprend qu'il n'est plus « à la mode » et repart pour Chanteloup.

début de juillet

La duchesse de Chartres présente Rose Bertin à Marie-Antoinette qui va en faire sa couturière favorite. L'usage interdit à tout « subalterne » pourvu d'une charge à la cour d'exercer son art au-dehors. Mais, pense Marie-Antoinette avec angoisse, si l'imagination de Rose Bertin allait se provincialiser au contact des dames rétrogrades de Versailles ! Aussi, la reine exige-t-elle que Rose et son coiffeur Léonard continuent à habiller ou à coiffer les dames de Paris. Les fervents de l'étiquette en frémissent !

20 juillet

Toujours la même politique de balance : pour apaiser les partisans

Ci-dessus, l'avènement de Louis XVI vu par le graveur allemand J. G. Huck. L'attitude accablée du roi souligne admirablement le mot que lui prête le graveur : « O mon Dieu, quel fardeau, il m'accable ! » A droite, le nouveau contrôleur général des Finances Turgot, baron de l'Aulne. Ci-contre, le chancelier Maupeou. Il dira, lors de son renvoi : « J'avais fait gagner au roi un procès vieux de trois siècles... S'il veut perdre sa couronne, il en est bien le maître. »

de Choiseul, Louis XVI et Maurepas renvoient un second ministre : Boynes, secrétaire d'État de la Marine. A sa place, on appelle l'intendant du Limousin Turgot, qui n'est alors apprécié et connu que de quelques savants, mais on le dit plein d'ardeur au travail, capable de beaucoup d'enthousiasme et de désintéressement. « Vous vous imaginez avoir l'amour du bien public, lui disait Malesherbes, vous en avez la rage. » Il est alors âgé de quarante-sept ans. Il est grand, son front est large et ses yeux clairs. Il est gauche et timide et son élocution est pénible :

— Je sais que vous êtes timide, lui dit Louis XVI, mais je sais aussi que vous êtes ferme et honnête et que je ne pouvais pas mieux choisir. Je vous ai mis à la Marine pour un temps, pour avoir occasion de vous connaître.

— Il faut, Sire, que vous me donniez la permission de mettre par écrit mes idées générales, et j'ose dire mes conditions sur la manière dont vous devez me seconder dans cette administration; car, je vous avoue, elle me fait trembler par la connaissance superficielle que j'en ai.

— Oui, oui, dit le roi, comme vous voudrez. Mais je vous donne ma parole d'honneur d'avance, ajouta-t-il en lui prenant les mains, d'entrer dans toutes vos vues et de vous soutenir toujours dans les partis courageux que vous aurez à prendre.

Turgot va vite se mettre au courant des affaires, mais en attendant Maupeou, pourtant ministre détesté, demeure en place.

25 juillet

Le roi et la reine, traversant Paris, sont surpris de trouver le silence sur leur passage : il s'agit d'un mot d'ordre donné par les ennemis de Maupeou qui se surnomment eux-mêmes les « patriotes » et qui demandent avant tout le rappel des Parlements.

27 juillet

Les juges du « parlement Maupeou » assistent à la cérémonie dite « du Catafalque », service célébré pour le repos de l'âme de Louis XV, et sont salués par l'ensemble des princes, sauf par le duc d'Orléans et son fils qui sont aussitôt exilés à Villers-Cotterêts. En voyant Maupeou aussi sûr de lui, tout le monde est persuadé que Louis XVI est décidé à ne pas rappeler les Parlements. Pourtant, le malheureux souverain se trouve empoisonné par cette affaire parlementaire. Doit-il garder les nouveaux magistrats ou rappeler les anciens?

24 août

Maurepas va forcer le roi à se décider.

En apprenant sa disgrâce Maupeou se serait écrié : « Sans moi, il est f... »

L'annonce du départ de Maupeou provoque de grandes manifestations d'allégresse et de soulagement. Les Parisiens brûlent l'ancien ministre en effigie. Le soir, on tire fusées et pétards à Paris et les maisons s'illuminent. « Je suis ivre de joie », écrit le duc d'Orléans à son ami Bellisle. Même réjouissance à la nouvelle que l'abbé Terray doit quitter la place et restituer un million, fruit de ses exactions.

— J'y ai regret, aurait soupiré le roi en le renvoyant, et je voudrais bien pouvoir le garder, mais c'est un trop grand coquin, c'est fâcheux, c'est très fâcheux...

Détesté pour avoir augmenté la

gabelle et contrôlé la vente du blé, il s'en faut de peu que l'abbé ne soit jeté dans la Seine. Turgot quitte le ministère de la Marine et devient contrôleur général des Finances. Partisan d'un despotisme éclairé, il arrive au pouvoir avec des théories qui lui sont propres sur la libre production et la libre circulation des produits. Il veut encore favoriser la concurrence qui stimule l'esprit d'entreprise. Assurément en avance sur son temps, il projette l'abolition de l'esclavage et des droits féodaux, la tolérance religieuse, et la création d'un enseignement laïque... et rêve de la paix universelle. Il écrit au roi ce même 24 août pour lui résumer ses projets dans le domaine relevant de son département : « Point de banqueroute, point d'augmentation d'impôts, point d'emprunt. » Les économies — car il faut en faire — pourraient être trouvées grâce à des réductions sur les libéralités du roi. « Il faut vous armer, Sire, contre votre bonté même, considérer d'où vient cet argent que vous pouvez distribuer à vos courtisans et comparer la misère de ceux auxquels on est quelquefois obligé de l'arracher par les exécutions les plus rigoureuses, à la situation des personnes qui ont le plus de titres pour obtenir vos libéralités. »

D'ailleurs, ces derniers sont ravis de l'arrivée de Turgot au pouvoir. « Si le bien ne se fait pas, écrivait d'Alembert, c'est que le bien est impossible. »

Les parlementaires, eux, avaient bien un peu peur de l'autoritarisme de Turgot, mais ils n'osaient trop rien dire puisque le nouveau contrôleur général avait été l'un des partisans de leur rappel. Au début de son ministère, Turgot n'eut réellement contre lui que quelques dévots, des financiers ou les courtisans vivant des générosités du roi et craignant, non sans raison, les projets de réforme fiscale que le ministre va certainement pousser le roi à mettre en vigueur. Le budget a, en effet, un découvert de 78 millions.

Cependant, Turgot, desservi par son manque de souplesse, se heurte à de nombreuses difficultés. Peut-être faut-il regretter que tous les postes importants soient pris par des philosophes ou des économistes qui mettent un peu trop de zèle, d'empressement et de maladresse. De tels amis nuisent assurément à Turgot dans l'opinion publique.

nuit du 28 au 29 août

Place Sainte-Geneviève, les clercs jugent et brûlent une effigie de Maupeou. Un officier de police qui veut s'interposer est assommé.

31 août

Le renvoi de Maupeou, l'espoir de voir rappeler l'ancien Parlement, surexcite toujours l'opinion. Des gardes françaises et suisses tiennent le Pont-Neuf pour barrer la route à toute une foule armée de pétards. Les « patriotes » après les avoir enflammés les jettent dans les jambes des chevaux.

13 septembre

Pour faire la guerre aux financiers qui provoquent des disettes dans le but de spéculer, un arrêt du Conseil, demandé par Turgot, établit la libre circulation du blé, et autorise l'importation des céréales étrangères. Pour que ce commerce libre ait le temps de s'organiser, Turgot fait établir des stocks et ordonne la fabrication d'un pain « officiel » que l'on nomme aussitôt — avec enthousiasme — « le pain du contrôleur général » et qui a pu être boulangé à bas prix.

15 septembre

Cette fois ce sont les orfèvres qui exécutent en effigie l'ex-chancelier et le convoi est suivi par dix mille

Le port Saint-Paul et le bureau des coches en 1782, par Louis Nicolas de Lespinasse (ci-dessus). Cette gravure évoquant le Paris de la fin du XVIIIe siècle donne une excellente idée du trafic actif qui était alors celui des ports fluviaux de Paris.

Charles Gravier, comte de Vergennes (1719-1787). Ancien ambassadeur en Suède, il succéda au ministre d'Aiguillon aux Affaires étrangères et sera, en 1783, l'un des artisans de l'indépendance des États-Unis.

personnes. La rue va peu à peu se calmer, mais l'agitation se poursuit dans les salons.

25 septembre

Turgot obtient un arrêt du Conseil contre la ferme générale et lui enlève le recouvrement des rentes et des droits domaniaux « aliénés ou affermés », qui sont désormais confiés à vingt régisseurs.

12 novembre

Louis XVI tient au Palais un lit de justice. Son premier discours s'adresse aux princes en leur demandant de donner l'exemple de la soumission. Le deuxième est destiné aux parlementaires — et le roi est obligé d'élever la voix pour se faire entendre afin de dominer le bruit fait par ces messieurs en gagnant leur place et en s'asseyant : « Le roi, notre aïeul, déclare Louis XVI, forcé par votre résistance à ses ordres réitérés, a fait ce que le maintien de son autorité et l'obligation de rendre la justice à ses peuples exigeaient de sa sagesse. Je vous rappelle aujourd'hui aux fonctions que vous n'auriez jamais dû quitter. Sentez le prix de mes bontés et ne les oubliez jamais. » Puis on donne lecture des cinq édits qui ont été rédigés par le garde des Sceaux : Le Parlement de Paris peut reprendre ses travaux, on supprime les deux chambres des requêtes — éternel foyer d'agitation — mais aussi les Conseils supérieurs créés par Maupeou. Sont ensuite rétablis la Cour des aides et le Grand Conseil où siégeront les juges du Parlement Maupeou. Les charges seront désormais inamovibles et héréditaires.

Le cinquième édit est particulièrement important. Si le Parlement essayait un jour de suspendre ses activités pour forcer la main au roi, le gouvernement royal pourrait lui substituer une cour plénière composée des princes du sang, des pairs, du garde des Sceaux, du chancelier et — ici les parlementaires font la grimace — du Grand Conseil constitué par les juges du défunt Parlement Maupeou. Si le fameux droit aux remontrances est rendu aux juges — avec quelques restrictions — le roi signe une « ordonnance de discipline » : il est interdit de siéger en dehors de certaines heures; enfin — sous peine de forfaiture — les démissions concertées et les interruptions de la Justice sont désormais défendues. Les parlementaires témoignent leur mécontentement qu'on osât leur parler de soumission et ils n'enregistrent les édits que sur l'ordre exprès du roi — tel était d'ailleurs le but d'un lit de justice.

fin octobre

A Paris, comme en province, le retour des Parlementaires est accompagné de grandes manifestations. A Rennes, le procureur général fait son entrée, escorté de deux cents gentilshommes à cheval. A Rouen, on distribue de l'argent et l'on tire des feux d'artifice. A Bordeaux, le premier président embrasse les harengères.

8 décembre

Dans un mémoire, Vergennes conseille une politique de probité, de bon droit et d'équilibre entre les puissances. Il se montre partisan de combattre aussi bien l'ambition de l'Angleterre que celle de l'Autriche. Cette dernière compte sur Marie-Antoinette pour maintenir l'alliance avec la France. « Soyez bonne Allemande, écrit Marie-Thérèse à sa fille, n'est-ce pas le meilleur moyen d'être bonne Française? » Et la reine — nous le verrons — sera une excellente « agente » de la politique autrichienne. Mais Vienne a aussi tout un réseau d'espionnage à la cour de France à la tête duquel se trouve son ambassadeur, le comte de Mercy-Argenteau, admis aussi bien dans tous les salons que dans l'intimité des ministres et de la famille royale. Si, entre autres, Mesdames sont de farouches adversaires de l'Autriche, Vergennes veut, quant à lui, que, tout en maintenant l'alliance, la politique française ne soit pas tenue sous le joug autrichien. Sans doute accepte-t-il d'aider l'Autriche à conserver ce qu'elle possède, mais il ne veut pas contribuer à l'agrandir. Pour contenir la puissance de Vienne, le ministre désire grouper autour de la France, par des liens d'alliance, tous les États faibles : Gênes, la Sardaigne, la Saxe, l'électeur de Bavière, les petits princes allemands, la Suède, la Hollande...

La France fait aussi quelques avances à la Russie et à la Prusse qui semblent enchantées de ce rapprochement — mais, pour sa part, Vergennes se méfie de Frédéric.

9 décembre

Les parlementaires déclarent que l'existence du Parlement vient d'une loi si fondamentale qu'il n'aurait pas dû être « recréé », comme il venait de l'être lors de la fameuse séance du 12 novembre. Aussi, approuvés par le duc d'Orléans et le prince de Conti, décident-ils qu'ils présenteront des remontrances au roi.

30 décembre

Le Parlement rend publiques ses remontrances. Il s'agit d'un véritable manifeste contre l'autorité du roi et portant principalement sur la suppression des chambres des requêtes et sur le rétablissement du Grand Conseil.

Louis XVI a la faiblesse d'accepter qu'on lui présente ces remontrances et sa réponse est si vague que les parlementaires peuvent croire que les édits de novembre ne seront pas appliqués avec rigueur. Enhardi par cette première victoire, le Parlement entame une guerre de chicane contre le Grand Conseil, si bien qu'il réduit son rôle à fort peu de chose.

1775, 1er janvier

Dans la généralité de Paris, l'intendant Berthier de Sauvigny fait dresser un cadastre des biens-fonds, afin de modifier la perception des impôts directs. Par lettres patentes, Turgot valide l'opération, car il a formé le projet de remplacer un jour, en marchant prudemment, les impôts par une subvention territoriale.

3 janvier

Turgot abolit la « contrainte solidaire », c'est-à-dire la coutume qui voulait que les plus imposés d'une paroisse payent tous les impôts de celle-ci, si des collecteurs n'avaient pas fait leur versement au receveur.

8 janvier

Turgot porte une nouvelle atteinte grave à la ferme générale en diminuant le tarif des octrois de Paris. Ainsi, les pauvres n'auront plus à payer de taxes sur les denrées de première nécessité. En revanche, les nobles et les ecclésiastiques y demeuraient soumis. D'autres décisions vont suivre : les baux ruraux ou les actes relatifs aux métiers seront exemptés de droits d'enregistrement ou de mutation. D'autre part, en cas de contestation entre la ferme et les contribuables, le bénéfice du doute irait à ces derniers. Turgot se fait ainsi des ennemis des fermiers,

Marie-Antoinette jouant de la harpe dans ses appartements. Gouache de Gautier d'Agoty. La souveraine, que l'on voit ici en train de poser pour le peintre, est priée par l'épouse de ce dernier de faire à l'artiste l'honneur de le nommer « peintre de la reine ». Au centre, la couturière de Marie-Antoinette présente plumes d'autruche et bijoux tandis que son coiffeur s'est retiré au fond de la pièce à droite.

mais le commerce, libéré de certaines contraintes, va pouvoir se développer.

Cherchant toujours à faire le maximum d'économies, Turgot réduit considérablement son propre traitement, mais il ne parvient cependant pas à diminuer les pensions royales versées aux gens de cour.

2 mars

Dans ses réformes, Sartine, secrétaire d'État à la Marine, est moins heureux que Turgot. Il supprime l'école du Havre, créée par Boynes, et qui permettait aux roturiers de devenir officiers. Bien plus, il rétablit les « Gardes de la marine » où il faut prouver que l'on possède quatre quartiers de noblesse pour pouvoir être admis. A l'excuse de Sartine, il faut rappeler qu'à cette époque, où l'on manque de marins, le gouverneur essaye de pousser la noblesse vers la marine de guerre. Bientôt les officiers de marine formeront un corps aussi remarquable que savant et le goût des voyages scientifiques se développera. Le grand problème demeure cependant celui des équipages. La condition de vie des marins est très mauvaise et on en manque. Le nombre des déserteurs est extrêmement élevé et il faut parfois recruter jusqu'à Naples. Cependant, le matériel s'améliore considérablement. Les navires sont doublés avec du cuivre et l'artillerie de marine fait autant de progrès que celle de terre. La France peut assurément — et elle va le montrer bientôt — tenir tête à l'Angleterre.

mai

La récolte de 1774 ayant été mauvaise, le prix du pain monte et les ennemis de Turgot attribuent cette hausse à la libre circulation. Le ministre se défend en essayant de démontrer que les causes de cette escalade ne sont qu'accidentelles. Le spectre de la famine ne s'en profile pas moins à l'horizon. Dans toute la France se produisent des désordres. Paysans ou pauvres gens affamés malmènent les spéculateurs en les accusant d'accaparer les blés. C'est là ce que l'on a appelé « l'armée de Jean Farine », soutenue et encouragée par les ennemis de Turgot. Les principales bandes d'émeutiers se réunissent dans la forêt de Bondy et dans celle de Villers-Cotterêts... et l'on parle déjà d'aller prendre la Bastille.

2 mai

Répétition générale de la tragédie d'octobre 1789 : les émeutiers pénètrent jusque dans la cour du château de Versailles et parlent d'aller « secouer la reine ». Turgot se trouve alors à Paris, mais le roi lui fait savoir qu'il ne se laissera pas intimider. On envoie des gardes protéger le marché, mais leur chef est insulté et couvert de farine. Turgot fait alors baisser le prix du pain et les émeutiers se calment. Louis XVI, plus ferme que quatorze ans plus tard, désapprouve ce qu'il appelle « une sotte manœuvre » et Turgot ordonnera que les prix soient normalement établis.

Voici, *vu par une gravure anonyme de l'époque, le sacre du roi Louis XVI. La cérémonie, réglée depuis le XIIe siècle et observée jusqu'à Charles X, eut lieu à Reims le 11 juin 1775 selon le rite plusieurs fois centenaire. Tout d'abord, deux évêques vont chercher le roi allongé sur un lit de parade dans le palais archiépiscopal relié à la cathédrale par une galerie de bois. Par trois fois, le grand chambellan demande le roi. Quand celui-ci apparaît, il se dirige*

3 mai

La « guerre des farines » se poursuit. Les émeutiers parviennent à pénétrer dans Paris, en dépit de la surveillance assez stricte qui a été établie. Les Halles sont prises d'assaut et l'on pille les boulangeries.

nuit du 3 au 4 mai

Le Conseil se réunit et prend des mesures rigoureuses. Une armée surveillera Paris et une autre, l'Ile-de-France.

4 mai

Grâce à la présence des régiments appelés dans la capitale, le pillage est arrêté. Il n'en reste d'autres traces que quelques affiches et des rues dépavées. Des émeutiers sont pendus pour faire un exemple.

6 mai

Le calme est rétabli à Paris; il le sera quelques jours plus tard dans toute l'Ile-de-France. On fait le bilan de ces heures violentes. Personne ne sait très bien qui a encouragé la rébellion. Les partis s'accusent mutuellement et le roi fait acte de bonté en ordonnant de brûler le dossier qui lui avait été remis sur les journées de désordre. Turgot est sorti vainqueur de la crise, mais il paye cher sa victoire. Maurepas et Miromesnil se détachent de lui et ses ennemis vont redoubler leurs efforts pour l'abattre.

Turgot envoie aux intendants une circulaire leur demandant de suspendre provisoirement la corvée en nature. Il s'agit de l'entretien gratuit des routes par le manant. Cependant, Turgot se heurte aux ingénieurs des ponts et chaussées qui traitent le ministre d'esprit chimérique : ils ont besoin de cette main-d'œuvre pour mener à bien la construction du réseau routier considéré à juste titre comme le premier en Europe. Il faudra encore à Turgot une année d'efforts pour parvenir à ses fins.

11 juin

Sacre de Louis XVI à Reims. Les philosophes étaient pourtant partisans de l'abolition de cette cérémonie et Turgot lui-même aurait voulu qu'elle soit célébrée à Paris et que le roi ne prononce pas le serment d'extermination des hérétiques. Mais

vers le chœur où il prend place en présence du grand aumônier, des cardinaux, des six pairs ecclésiastiques — l'archevêque-duc de Reims, l'archevêque-duc de Laon, les évêques-comtes de Langres, Beauvais, Châlons et Noyon — des dix pairs laïcs et des trois maréchaux de France désignés pour tenir la couronne, le sceptre et la main de justice. Après avoir prêté serment, le roi vient s'agenouiller devant l'autel où, après que les dignitaires l'ont aidé à ceindre son épée et à fixer ses éperons, l'archevêque de Reims — ici le cardinal de La Roche-Aymon — procède aux diverses onctions. Le roi revêt ensuite le manteau, s'agenouille pour recevoir l'anneau, le sceptre et la main de justice. Enfin, assisté des pairs laïcs — le comte de Provence, le comte d'Artois, le duc d'Orléans, le duc de Chartres, le prince de Condé, le duc de Bourbon, le prince de Lambesc, grand Écuyer de France — et des évêques, l'archevêque couronne le roi, le mène au trône et lance la phrase rituelle : « Vivat rex in æternum : *roi pour l'éternité.* »

le parti dévot l'emporte. Et l'on voit le vieil archevêque de Reims poser sur le front du roi la lourde couronne de Charlemagne surchargée de rubis et d'émeraudes, aidé d'ailleurs par les douze pairs qui y portent symboliquement la main. Vieux reste de l'élection sur le bouclier des rois francs !

12 juin

Monté sur son cheval, le *Vainqueur*, recouvert d'un caparaçon d'argent, suivi de tous les seigneurs à cheval et précédé de trompettes, Louis XVI se dirige vers l'abbaye de Saint-Remi. Après la messe, entouré de médecins et chirurgiens, il touche deux mille quatre cents scrofuleux. « Dieu te guérisse, le roi te touche », répète deux mille quatre cents fois le prince de Beauvau, tandis que le roi « appuie sa main sur la tête de chaque malade ».

juin

Turgot remet au roi un mémoire sur la tolérance.

juillet

Réunion de l'assemblée du clergé, au cours de laquelle Turgot propose une série de mesures : laïcisation de l'enseignement, réforme du régime hospitalier, organisation de soins médicaux à domicile, validité des mariages protestants. Mais le clergé refuse tout et n'accepte qu'une seule de ces mesures : l'interdiction, par mesure d'hygiène, d'inhumer dans les églises. Le clergé refuse donc de tenir aucun compte du mouvement d'opinion qui se développe depuis vingt-cinq ans contre les privilèges de l'Église et n'ayant pas d'appui auprès du roi se tourne vers le Parlement.

21 juillet

Un changement s'opère dans le gouvernement et c'est là une victoire pour Turgot et Maurepas. La Vrillière, secrétaire d'État de la Maison du roi, donne sa démission et est remplacé non par Choiseul, comme l'espéraient les amis de celui-ci, mais par un ami de Turgot, Malesherbes, qui finit par accepter. Malesherbes a alors cinquante-cinq ans, sa figure est ouverte, gaie et respire l'esprit. Grand orateur, tolérant et cultivé, il n'est cependant pas fait pour l'action. Un des premiers actes de Malesherbes sera d'interdire aux évêques d'enlever les enfants des huguenots pour les instruire dans la religion catholique.

juillet

Les parlementaires obtiennent une nouvelle victoire : le rétablissement d'une chambre des requêtes. Par ailleurs, ils font subir toutes sortes de vexations aux juges de Maupeou qui siègent au Parlement. Ils arrivent même à en expulser plusieurs, à Paris comme en province. Maurepas et Miromesnil semblent persuadés que ces désordres se calmeront peu à peu, mais, en fait, il s'agit d'une véritable guerre entre le Parlement et la couronne.

25 septembre

Beaumarchais, alors en Angleterre — Vergennes se méfiait du comte de Guines, ambassadeur en titre — rédige un mémoire où il conseille au roi de prêter un million aux Américains qui commencent à secouer le joug anglais et vont être déclarés rebelles le mois suivant.

Vergennes envoie un agent en Amérique pour se rendre compte des besoins des « insurgents ».

10 octobre

Le ministre de la Guerre du Muy meurt et le roi, pour le remplacer, choisit un ministre loin de toute intrigue de cour. On va le chercher en Alsace où il cultive ses poiriers : c'est Saint-Germain qui est nommé « avec l'applaudissement de tout le militaire ». Il s'agit d'un « Jean-Jacques Rousseau en bottes et en casque ». Il sabre une partie des effectifs de parade qui coûtent quatre ou cinq fois plus que des troupes ordinaires. Les gendarmes et les chevau-légers du roi ne seront plus désormais que quatre-vingt-huit. A Versailles, son impopularité ne va cesser de croître d'autant plus qu'il n'est pas un homme de cour. Mais Saint-Germain déclare ne pas plus craindre « les cabales que les boulets de canon ». Avec les économies ainsi réalisées, ce ministre pourra augmenter l'effectif de l'armée : l'infanterie passera de 90 000 hommes à 168 000, la cavalerie de 25 000 à 46 000 (on accroît surtout la cavalerie légère). L'artillerie peut doubler ses effectifs et devient la première du monde, on s'en apercevra pendant les guerres de la Révolution et de l'Empire. Les boulets seront désormais très bien calibrés et les attelages perfectionnés. Deux inventions permettent plus de précision dans le tir : la vis de pointage et la hausse mobile.

Pour l'infanterie, Saint-Germain recommande d'enseigner « l'ordre mince », c'est-à-dire l'attaque en ordre déployé et non en groupe compact selon l'usage appliqué depuis toujours. Saint-Germain réforme le recrutement en instituant une prime de réengagement. Mais, en ce domaine, il mécontente beaucoup les soldats car il les gardera au-delà de la fin de leur engagement. Il réorganise également la partie administrative de l'armée : le pain de munition devient meilleur, hôpitaux et ambulances sont modernisés. La tenue des soldats est plus modeste, mais mieux adaptée au service. Pour réformer la discipline, le nouveau ministre est plus maladroit en interdisant le jeu, les femmes, les dettes et en ordonnant aux soldats de se rendre à la messe.

automne

Nouvelle hausse du prix du blé. Turgot se fait encore des ennemis. De plus, en essayant de réformer la Maison du roi et d'opérer des économies en supprimant des charges inutiles, il dresse presque tous les courtisans contre lui et surtout la reine. Turgot n'a bientôt plus comme alliés que les philosophes, les économistes et Louis XVI, mais, ainsi que le disait Frédéric de Prusse : « Il faudrait au jeune roi de France de la force et du génie. »

novembre

Le Congrès de Philadelphie élit un comité chargé des relations avec « les amis de l'Amérique » et envoie un agent, Silas Deane, à Versailles pour demander des armes et de l'argent.

début de 1776

Fondation de l'École royale de dessin.

janvier

Il fait horriblement froid. Louis XVI s'enveloppe d'une vieille redingote, se promène dans la campagne, paye des malheureux pour aller casser la glace ou gracie des pilleurs de bois que les gardes ont arrêtés dans la forêt de Ville-d'Avray.

Turgot demande au Conseil la suppression de la corvée royale qui pourrait être remplacée par un impôt en argent payé par les propriétaires terriens. Il s'agit là d'un début d'égalité fiscale, puisque cet impôt serait payé de la même façon par les trois classes. La corvée est abolie. On voit tous les Jacques Bonhomme de France danser autour de vastes feux de bois et chanter :

Je n'irons plus au chemin
Comme à la galère,
Travailler soir et matin.
Le Roi, je ne mentons point
A mis la corvée à bas...

La lourde obligation du transport par certaines paroisses — et point par d'autres — des troupes et effets militaires est également supprimée. On prête encore à Turgot l'intention de réformer de nombreux droits féodaux. Cette simple supposition provoque des désordres, certains paysans refusant déjà de s'acquitter de leurs devoirs envers les seigneurs propriétaires. On parle presque de jacquerie...

Un autre projet de Turgot concerne les jurandes, maîtrises et corporations. Désormais, chacun, même un étranger, sera libre d'exercer le commerce ou l'activité qui lui plaira. Les corporations empêchent, en effet, la véritable liberté de la concurrence, de plus, l'Angleterre cessant son commerce avec l'Amérique, on peut espérer attirer des ouvriers anglais en France.

A l'étranger, Turgot est très admiré, on lit et l'on commente ses édits dans les bals ou les fêtes. Mais toutes ces réformes provoquent de grands bouleversements et finalement font planer une grande inquiétude : personne n'est plus certain que, le lendemain, sa charge ne sera pas supprimée ou transformée.

C'est au sein du Conseil même que Turgot a le plus d'ennemis. Tous sont effrayés par la puissance prise par le ministre. Comme « les seigneurs et les épiciers », Marie-Antoinette n'aime guère Turgot... Pour quels motifs ? Parce que le contrôleur général ne sait pas « composer avec les faiblesses humaines » ? Parce qu'il bouscule sans ménagement le Parlement, l'industrie, la finance et la haute noblesse ? Parce que, comme Sully, il n'a d'égards que pour les agriculteurs ? Parce qu'il agit plutôt en vivisecteur brutal qu'en chirurgien prudent ? Non ! C'est parce que Turgot a osé faire rappeler de son ambassade de Londres son ami le comte de Guines.

janvier-février

Le Parlement attaque les projets de réforme de Turgot sur les droits féodaux et rédige des remontrances au roi. Walpole s'indigne : « La résistance du Parlement à l'admirable réforme préparée par Turgot et Malesherbes est plus scandaleuse que le plus féroce caprice du despotisme. Ces magistrats, qui s'opposent au bonheur de plusieurs millions d'hommes, ont à moitié absous le chancelier Maupeou de les avoir opprimés. »

4 mars

Les fameux édits de Turgot sont transmis au Parlement pour être enregistrés. Les parlementaires présentent aussitôt au roi une demande pour que les privilégiés soient exemptés de la corvée. Mais le roi ne cède pas et convoque les magistrats pour le 12 mars. « M. Turgot et moi, déclare-t-il, sommes les seuls qui

La Halle, *par Lépicié. Cette peinture évoque de petits commerçants - cultivateurs d'une aisance relative. Ils possèdent une terre, y font pousser des récoltes, pratiquent l'élevage. Ils sont propriétaires d'une voiture et d'un cheval, ce qui leur permet de venir vendre leurs denrées à la ville voisine.*

désirions le bonheur du peuple. » Malheureusement, ce sera là son dernier effort pour soutenir son ministre.

12 mars

Au cours du lit de justice qui se tient à Versailles, le premier président évoque « l'atteinte portée à la franchise naturelle de la noblesse et du clergé ». Les opinions des parlementaires sont recueillies pour la forme mais les édits n'en sont pas moins déclarés enregistrés. La réforme provoque l'enthousiasme des ouvriers de Paris.

24 mars

Création par Turgot de la Banque d'escompte, origine de la Banque de France.

avril

Turgot institue la liberté du commerce des vins.

10 et 11 mai

La disgrâce de Turgot est en marche, aussi le ministre décide-t-il de se battre jusqu'au bout. Il écrit à Louis XVI une lettre sévère : « Vous l'avez dit, Sire, l'expérience vous manque... N'oubliez jamais que c'est la faiblesse qui a mis la tête de Charles Ier sur un billot; c'est la faiblesse qui a rendu Charles IX cruel; c'est elle qui a formé la Ligue sous Henri III; qui a fait de Louis XIII, qui fait aujourd'hui du roi du Portugal des esclaves couronnés. »

Le roi ne répondra jamais à cette lettre; en revanche, Louis XVI acceptera de refaire, trois fois, à la demande de la reine, le texte d'une lettre donnant à Guines, en échange de la perte de son ambassade, « la permission de porter le titre de duc ». « Le projet de la reine, écrit Mercy, était d'exiger du roi que le sieur Turgot fût chassé, même envoyé à la Bastille, le même jour que le comte de Guines serait déclaré duc. »

12 mai

La disgrâce est officielle, le roi fait demander à Turgot de se démettre de ses fonctions. Le malheureux refuse la pension que lui offre Louis XVI et lui écrit : « Tout mon désir est que vous puissiez toujours croire que j'avais mal vu... Je souhaite que le temps ne me justifie pas. » Au moment de quitter son ministère, il aurait même ajouté :

« La destinée des princes conduits par les courtisans est celle de Charles Ier. » Ce même soir, Malesherbes, découragé, démissionne.

A l'annonce de la disgrâce de Turgot et du départ de Malesherbes, les évêques font réciter des prières d'actions de grâces dans les églises, tandis que les financiers, les magistrats et les courtisans exultent. Quant au peuple, il ne peut que « baisser l'oreille et courber l'échine », suivant les mots du marquis de Mirabeau.

14 mai

Maurepas se fait nommer président du Conseil des finances. Le départ de Turgot le met en fait à la tête du gouvernement. Pour succéder à Turgot il nomme Clugny, intendant de Guyenne, qui suivra exactement la politique inverse de celle de son prédécesseur. « Puisqu'il faut faire parler de soi, dira-t-il, je puis culbuter d'un côté ce que Turgot a culbuté de l'autre. » Pour parer au déficit, Clugny va employer expédient sur expédient; aussi le désordre et le gaspillage vont-ils régner à tous les échelons et le crédit baissera-t-il sans tarder. Pour succéder à Malesherbes, Maurepas choisit Amelot sur lequel il ne se fait d'ailleurs aucune illusion, puisqu'il s'exclame : « On ne dira pas que j'ai choisi celui-là pour son esprit. »

12 juin

Indigné d'apprendre que l'Angleterre lève des mercenaires pour les envoyer en Amérique, le Congrès de Philadelphie proclame l'indépendance et vote la « Déclaration des Droits ».

juillet

Silas Deane arrive à Versailles. Vergennes, qui préfère encore agir en secret, lui refuse tous les armements demandés, mais les confie à Beaumarchais qui possède une maison de commerce franco-espagnole servant d'intermédiaire. Il reçoit un million du gouvernement français, quatre du gouvernement espagnol et peut fournir à Silas Deane deux cents canons et quelques milliers de fusils. Mais de très nombreux volontaires se présentent devant Deane. Parmi eux, se trouvent beaucoup de jeunes nobles, entre

Illuminations de la place d'Armes à Versailles. Cette gravure de 1778 représente le

cortège royal regagnant, à la nuit tombée, le château de Versailles. Le carrosse du roi, attelé à huit chevaux, traverse la place éclairée par des milliers de lanternes artistement groupées sous forme de cônes ou de sphères. Une galerie lumineuse a été élevée, pour la circonstance, entre la Grande et la Petite Écurie.

Un an et trois mois après son premier voyage en France, Benjamin Franklin y revenait afin de signer, le 20 mars 1778, le traité d'amitié intervenu entre la France et les États-Unis. Une gravure allemande (ci-contre) représente l'homme d'État américain s'inclinant profondément devant le roi de France.

autres, La Fayette. Cependant, en Amérique, les événements ne sont pas très favorables aux insurgents et Vergennes préférerait encore ne pas intervenir officiellement.

été

Mme de Lamballe est en demi-disgrâce. En revanche, Marie-Antoinette nomme Polignac « survivancier », c'est-à-dire successeur du comte de Tessé son premier écuyer. Le mari de Mme de Polignac va se livrer à un véritable pillage, ainsi que l'écrit Mercy-Argenteau à l'impératrice : « La feue reine n'avait que cent cinquante chevaux. Lorsque M. de Polignac aura acheté ceux qu'il doit avoir comme survivancier, l'écurie de la reine sera de trois cents chevaux et les dépenses de plus de deux cent mille livres plus fortes que du temps de la feue reine.

11 août

Clugny rétablit la corvée que Turgot a supprimée six mois auparavant. Il fait renaître également les jurandes et maîtrises, mais en en diminuant cependant le nombre et en en abaissant les droits.

septembre

Le Congrès envoie Franklin à Paris. Plus le temps passe, plus l'opinion est favorable aux Américains et les chansonniers commencent à accuser Vergennes de ne pas oser intervenir.

27 septembre

Sartine, secrétaire d'État à la Marine, fait paraître sept ordonnances qui donnent aux officiers la direction des arsenaux comme celle des navires. Sartine a la chance que la révolte d'Amérique fasse craindre une guerre avec l'Angleterre, si bien qu'on lui accorde presque toutes les dépenses qu'il demande. Mais faible, sachant mal gérer son département, lorsqu'il se retira en 1780, il laisse à son successeur vingt millions de dettes.

22 octobre

Maurepas voit qu'il ne peut continuer une politique de réaction sans se voir menacer par une insurrection. Les philosophes s'agitent, on parle de convoquer les états généraux... Et Maurepas nomme Necker pour succéder à Clugny qui, fort à propos, meurt ce jour-là. Protestant et étranger, le père de Germaine de Staël ne reçoit pas le titre de contrôleur général des finances qui sera donné à Taboureau des Réaux, l'intendant de Valenciennes, un homme d'aussi mince valeur que Clugny. Necker ne sera donc officiellement que le conseiller adjoint de Taboureau et refuse de recevoir des appointements — ce qui lui vaut la popularité que l'on devine.

3 décembre

Arrivée de Franklin en France.

début de 1777

Fondation d'un prix annuel à celui qui, par des inventions, aura le plus contribué à l'essor de l'industrie.

7 janvier

Necker ayant toute confiance dans le crédit est persuadé de sauver la situation en faisant un emprunt de quatre-vingt-quatre millions.

18 avril

Sous le nom de « comte de Falkenstein », Joseph II arrive à Paris. Le public s'extasie devant sa simplicité. Il a refusé de s'asseoir dans le fond du carrosse du roi! Il a pris place « sur le devant »! Il loge chez un modeste baigneur de Versailles qui lui a loué deux chambres! Il dort sur une simple peau d'ours! Il circule sous la pluie dans une « vilaine petite voiture découverte »! C'est du délire! L'empereur d'Autriche aurait voulu que la France acceptât les annexions de Vienne en Bavière et en Turquie, moyennant une partie des Pays-Bas. Vergennes sera un instant tenté par cet accord, puis il décide de s'en tenir à sa politique hostile à tout agrandissement de l'Autriche. La visite aura cependant un résultat positif, puisque le roi, à qui son beau-frère a fait honte de son manque de courage, accepte de se faire opérer — et Madame Royale viendra au monde à la fin de l'année suivante.

26 avril

La Fayette s'embarque pour l'Amérique avec plusieurs autres jeunes officiers.

mai

Saint-Germain, critiqué de tous côtés, donne sa démission. La plupart de ses réformes ont été mal accueillies : les philosophes lui reprochent les réformes de la discipline et les financiers celles de certaines adjudications. Quant à la reine, elle se montre hostile à Saint-Germain car il a envoyé à Montmédy le régiment d'un de ses favoris Esterhazy. Saint-Germain est remplacé par Montbaray dont la femme fait partie de l'entourage de la reine.

DE 1777 A 1778

Ce portrait du nouveau directeur général des Finances, le Genevois Jacques Necker, est peint par Duplessis.

Cumulant les traitements, il partagera son temps entre ses deux occupations favorites : le jeu et ses maîtresses, par l'intermédiaire desquelles il vend, dit-on, des grâces. Il commence par annuler certaines heureuses réformes de son prédécesseur.

Les négociations avec la Prusse se resserrent : on envoie auprès de Frédéric le marquis de Jaucourt qui reviendra à Versailles avec la promesse que la Prusse aiderait à empêcher de nouvelles conquêtes de l'Autriche, la promesse aussi qu'elle garderait une neutralité bienveillante dans le cas d'une guerre entre la France et l'Angleterre.

29 juin

Faisant trop pâle figure auprès de son « subordonné », Taboureau donne sa démission de contrôleur général. Necker est nommé directeur général des Finances et l'on salue son arrivée comme celle d'un nouveau Colbert. Necker saura conquérir les dévots inquiets de voir un protestant parvenir aux affaires — on verra l'archevêque de Paris dîner chez lui — et respectera les privilèges fiscaux de l'Église. Mieux, il augmentera la portion congrue des curés de campagne. De leur côté, les protestants, encore persécutés dans certaines provinces, attendent beaucoup de Necker; celui-ci leur fera des promesses, mais ne les tiendra pas de peur de mécontenter le Parlement et le clergé. Estimant que la guerre d'Amérique coûtera trop cher — alors que l'on ne pouvait encore augmenter les impôts — il décide d'établir des emprunts sous toutes les formes, et de lancer de nombreuses émissions de rentes viagères. Ainsi le total des dettes contractées par Necker sera de six cents millions. Il continuera à emprunter en répétant : « Sans impôts, messieurs, sans impôts! » Et Mirabeau pourra écrire que c'était là « livrer une nation aux usuriers ». Mais l'opinion publique sera enthousiasmée par ce ministre qui fera la guerre sans impôts.

juin

Necker supprime les offices de six intendants des Finances.

août

Toujours afin de réformer son administration, Necker supprime encore quatre cent dix-sept offices de gardes et de contrôleurs généraux.

16 octobre

A Saratoga, les Américains sont vainqueurs de Burgoyne qui commandait les troupes anglaises. Cette victoire va décider les Français à intervenir ouvertement.

30 décembre

L'électeur de Bavière meurt sans héritier direct, et Joseph II, voyant l'occasion depuis longtemps souhaitée de s'emparer de la Bavière, brandit des droits remontant au XVe siècle.

1778

Piccini, appelé en France par la reine, présente son « *Roland furieux* ». La querelle entre les partisans de Gluck et ceux de Piccini commencée à la fin du règne de Louis XV se poursuit.

début de 1778

Voyage triomphal de Voltaire à Paris. Louis XVI refuse de le recevoir car Necker veut éviter de trop mécontenter les dévots — mais le ministre ira visiter « la gloire de son siècle » chez M. de Villette, rue de Beaune, où « le patriarche des philosophes » était descendu.

3-13 janvier

Joseph II obtient de l'électeur palatin, la succession du défunt électeur et une renonciation à une partie de la Bavière. Douze mille hommes vont occuper la Basse-Bavière, « district » revendiqué par l'Autriche. « C'est là un arrondissement d'un prix inappréciable, explique Joseph II, au grand effroi de Marie-Thérèse. Le coup pourra réussir sans guerre!

C'est-à-dire sans guerre avec la Prusse qui s'inclinera devant « l'arrondissement », *si* la France veut bien se montrer « ferme dans l'Alliance » de 1756 qui, en cas d'agression, doit fournir à l'Autriche vingt-quatre mille hommes ou de l'argent.

Mais Vergennes, en dépit des

Cette gravure allégorique intitulée « Anecdote théâtrale de l'homme unique à tout âge » représente Voltaire en 1778, assistant, dans une loge de la Comédie-Française, à la représentation de sa propre pièce Irène. *Le graveur montre le philosophe recevant une couronne de lauriers des mains de la marquise de Villette, à laquelle il avait donné le charmant surnom de Belle et Bonne. En réalité,*

ce ne fut pas le philosophe mais son buste qui fut couronné à l'issue du spectacle.

vives instances de Marie-Antoinette, veut éviter la guerre et refuse l'aide, puisque l'Autriche n'a pas été « agressée » par la Prusse. Louis XVI est ferme, il dit même à la reine : « C'est l'ambition de vos parents qui va tout bouleverser; ils ont commencé par la Pologne; maintenant la Bavière fait le second tome, j'en suis fâché par rapport à vous. »

février

Reprenant le projet de Turgot, Necker rédige un mémoire qui demande au roi une certaine décentralisation : les intendants pourraient être aidés par des assemblées provinciales dont les membres seraient choisis parmi les trois ordres. On se contente de faire une expérience en Berry et, au mois de juillet, Necker créera une Assemblée provinciale de quarante-huit membres à Bourges.

Tout le monde trouve quelque chose à reprocher à cette réforme, certains sont mécontents que le pouvoir des intendants soit diminué. Tandis que les parlementaires se montrent inquiets de ne pas faire partie de l'assemblée, les philosophes blâment la séparation en trois ordres et le peu d'indépendance de cette Assemblée. Quant à Turgot, il s'exclame : « Cela ressemble à mes idées sur la municipalité comme un moulin à vent ressemble à la lune. »

On déclenche alors contre Necker une campagne de pamphlets : on se moque de ses manières. On met même en doute sa probité. Le ministre parle de se retirer; mais Louis XVI, comme il l'avait fait pour Turgot, lui promet de le protéger.

6 février

La France reconnaît les États-Unis et signe avec eux deux traités de commerce et d'alliance condamnant le droit de « visite », revendiquant le droit des neutres, établissant un certain nombre de ports français où les Américains pourront vendre leurs marchandises librement. Il s'agit aussi d'une alliance défensive : la France et l'Amérique s'engagent à ne pas faire de paix séparée.

15 mars

Les deux ambassadeurs français et anglais reçoivent l'ordre de regagner leur pays. La guerre — une guerre maritime — va s'ouvrir.

21 mars

A Versailles, le roi et la reine reçoivent officiellement les trois plénipotentiaires américains : Franklin, Silas Deane et Arthur Lee. Ils deviennent tous trois les idoles de Paris. Leur simplicité qui contraste avec l'élégance de la cour a conquis les Français.

24 mars

Breteuil, ambassadeur français à Vienne, déclare à Kaunitz qu'ayant rompu avec l'Angleterre, la France ne peut envisager de prendre parti dans une guerre en Allemagne.

16 avril

Sur la demande de sa mère, Marie-Antoinette intervient auprès de Vergennes pour qu'il soutienne les prétentions de son frère.

26 avril

Effet de la peur que leur a faite la reine, les ministres reviennent sur leurs pas et garantissent formellement « la sûreté des Pays-Bas ». Si Frédéric attaque l'Autriche dans les « Provinces belgiques », il trouvera les troupes françaises à côté de l'armée de Joseph II. Mais ils font comprendre au roi Frédéric qu'il a les mains libres au sud, vers la Bohême, mais non à l'ouest, vers la France.

nuit du 30 au 31 mai

Mort de Voltaire. Il avait quatre-vingt-trois ans. Jean-Jacques Rousseau aurait écrit cette épigramme :

Plus bel esprit que grand génie,
Sans loi, sans mœurs et sans vertu,
Il est mort comme il a vécu,
Couvert de gloire et d'infamie.

Ci-contre, au cours d'une chasse à laquelle participait Marie-Antoinette, le 13 octobre 1774, un cerf se rua sur un vigneron des environs de Fontainebleau et le blessa gravement. Le peintre de la reine, le chevalier d'Agoty, s'empara de l'événement qu'il fixa sur cette gravure, évoquant Marie-Antoinette prodiguant ses consolations à la femme du malheureux. C'était là un sujet de propagande qui aurait pu, quelques années plus tard, devenir fort utile à celle que le peuple, hostile, avait surnommée l'Autrichienne.

17 juin

L'Angleterre se dispense de déclarer la guerre. Sa frégate *L'Aréthuse* attaque la frégate française *La Belle Poule* qui se défend héroïquement et victorieusement. Le bâtiment avec cent survivants et soixante blessés regagne Brest percé comme une écumoire. Le comte d'Orvilliers concentre alors une flotte de quarante-trois vaisseaux, frégates et corvettes à Brest.

2 juillet

Mort de Jean-Jacques Rousseau à Ermenonville.

27 juillet

Combat naval au large d'Ouessant. L'amiral d'Orvilliers a sous ses ordres les escadres de du Chaffaud et celle ayant à sa tête le duc de Chartres. Les vaisseaux anglais sont commandés par Keppel. La ligne de bataille du comte d'Orvilliers est de vingt-sept vaisseaux alignant 1 934 canons. Celle des Anglais, de trente vaisseaux armés de 2 278 pièces. L'amiral britannique Keppel se trouve sur l'arrière des Français et semble ainsi vouloir les poursuivre. Il a formé le projet de rattraper l'arrière-garde, placée sous le commandement du fils du duc d'Orléans, et de remonter lentement le long de la ligne de son adversaire. Malheureusement, le duc de Chartres comprit mal les ordres de son chef et Ouessant ne sera pas considérée comme une grande victoire. Cependant, en Angleterre, l'amiral Keppel passera devant un conseil de guerre, qui l'acquittera d'ailleurs.

fin juillet

La rupture entre la Prusse et l'Autriche à propos de l'invasion de la Bavière est inévitable. Frédéric II n'est pas homme à remettre indéfiniment ses projets. Ayant la certitude que les Français ne bougeront pas, il tourne le dos au Rhin, passe la frontière bohémienne et, tout au début de juillet, entre à Nachod. Catherine II fait alors avancer des troupes sur la frontière de Pologne et somme l'empereur de trouver un arrangement avec Frédéric. Marie-Antoinette suggère « comme d'elle-même et sans apparence d'insinuation » la médiation de la France; la démarche de la reine est d'autant mieux accueillie que les Hanovriens pourraient bien se mettre de la partie et créer un second front... Les négociations s'engagent et, grâce à la France et à la Russie, puissances médiatrices, aboutiront, au printemps prochain, à la paix de Teschen.

juillet

Vergennes déclare qu'il reconnaît aux neutres la liberté de navigation : c'était là une politique opposée à celle de l'Angleterre qui s'était arrogé le droit de « visite » des navires et de saisie des marchandises.

4 août

On annonce officiellement la première grossesse de la reine.

19 décembre

Marie-Antoinette met au monde Madame Royale, future duchesse d'Angoulême.

1779, mardi gras

L'impopularité de Marie-Antoinette augmente... On lui prête de nombreux amants.

12 avril

Traité d'Aranjuez entre la France et l'Espagne.

16 juin

L'Espagne se range aux côtés de la France et les deux pays envisagent un débarquement en Angleterre. Quarante mille hommes sont réunis à Saint-Malo, mais une épidémie de scorbut fait annuler l'opération.

août

Nccker abolit la mainmorte et la servitude personnelle sur les terres du roi, mais non sur celles des seigneurs.

Cependant, il supprime pour tout le royaume le droit de suite des mainmortables.

A gauche, la revue du régiment de Condé. Peinture de l'École française du XVIIIe siècle. Le prince, après avoir salué sa famille, va passer son régiment en revue.

décembre

Espagnols et Français attaquent Gibraltar.

1780, 9 janvier

Necker, suivant en cela la même politique que Turgot, restreint la ferme générale à la seule perception de l'impôt sur le tabac, de la gabelle et des octrois de Paris.

11 janvier

Malgré l'escadre espagnole, les Anglais parviennent à faire pénétrer un convoi dans Gibraltar et le siège traînera en longueur jusqu'en 1782.

13 février

Necker décide que la taille ne pourra plus être augmentée que par des édits enregistrés.

27 février

Deux de ses vaisseaux ayant été saisis près de Malaga, l'impératrice de Russie publie une déclaration de liberté de navigation des neutres à laquelle adhéreront la plupart des nations maritimes européennes, hors l'Angleterre.

2 mai

Une armée de secours, envoyée par Louis XVI aux insurgents, part de Brest. Elle comprend six mille hommes commandés par Rochambeau.

24 août

Necker décide une réforme des prisons et supprime la torture infligée, avant les procès, aux accusés afin de leur arracher des aveux.

14 octobre

Maurepas étant tombé malade, Necker obtient la disgrâce de Sartine. C'est là surtout une mesure destinée à satisfaire l'opinion publique qui lui reprochait de ne pas avoir fourni assez d'aide à La Fayette. A la place, Necker fait nommer son grand ami le duc de Castries.

29 novembre

Mort de l'impératrice Marie-Thérèse.

23 décembre

Une intrigue de cour fait perdre sa charge à Montbarey. Il est remplacé par Ségur, un protégé de Choiseul.

début 1781

Création à l'école de dessin de Tours d'un enseignement du dessin pour tissus de soie.

février

Les attaques se multipliant contre lui, Necker rédige et publie un *Compte rendu au roi par M. Necker*, qui est en quelque sorte sa propre apologie. Il rend ainsi publics tous les chiffres du budget que les Français et même les économistes ignoraient généralement.

Ce texte eut un immense succès. On en tira dix mille exemplaires en peu de temps — et il fut à la mode, même pour les femmes, d'avoir le *Compte rendu* dans sa poche. Il y eut bien sûr des mécontents : les courtisans qui étaient les principaux accusés et de vieux financiers grognons qui relevèrent des erreurs dans les chiffres.

En signe d'allégresse, la Ville de Paris offrait au roi et à la reine, le 23 janvier 1782, un bal masqué (gravé par Moreau). Ces réjouissances fêtaient la naissance, le 22 octobre précédent, du premier dauphin, Louis Joseph Xavier François.

15 mars

Les Américains et leurs alliés s'occupent d'investir Yorktown : le marquis de Grasse se trouve à la tête de trois mille combattants et La Fayette commande quinze cents hommes. L'armée de Rochambeau arrive par le nord à la suite d'une marche de deux cents lieues, après avoir fait sa jonction avec les forces de Washington.

Battus par les armées alliées de France et des États-Unis, six mille soldats anglais déposent les armes le 19 octobre 1781. Cette gravure de Godefroy rappelle l'instant dramatique où les vaincus viennent remettre leurs fusils avant de se constituer prisonniers. Au premier plan, on voit leur chef, lord Cornwallis, remettre son épée à ses vainqueurs.

2 mai

La Motte-Picquet s'empare d'une flotte qui rapportait en Angleterre toutes les richesses d'une des plus opulentes îles des Antilles : Saint-Eustache.

19 mai

Necker, quelque peu aveuglé par son ambition et son orgueil, pose au roi un ultimatum : ou bien on lui donne les pleins pouvoirs ou il quitte la place. Maurepas fait craindre au roi la démission des autres ministres et Louis XVI laisse Necker quitter le gouvernement. Après son départ, « la consternation était peinte sur tous les visages, nous dit Grimm, les promenades, les cafés, les lieux publics étaient remplis de monde, mais il y régnait un silence extraordinaire, on se regardait, on se serrait tristement la main ».

20 mai

Le successeur de Necker, Joly de Fleury — « un courtisan de robe, vieilli avec souplesse dans la société des grands » — accepte la charge avec beaucoup de réserves. Il ne se sent pas assez compétent et ne cède aux instances du roi que devant la promesse de succéder un jour à Miromesnil comme garde des Sceaux. Il ne veut même pas prendre le titre de contrôleur général et se dit simplement « conseiller au Conseil des finances ». Il va pratiquer une politique opposée à celle de Necker en décidant d'arrêter les emprunts et d'augmenter les impôts, excellent moyen de se rendre impopulaire.

22 mai

Un décret du Conseil interdit tout avancement aux officiers qui ne posséderaient pas quatre quartiers de noblesse. Décret fameux qui sera certainement pour quelque chose dans la future défection de l'armée, lorsque le vent de la révolution balayera tout un monde.

août

Joly de Fleury augmente de dix pour cent les taxes de consommation et de vingt pour cent celles sur le tabac.

5 septembre

Cornwallis est bloqué du côté de la mer par le marquis de Grasse.

octobre

Joly de Fleury fait passer de douze à quarante-cinq les offices de receveurs généraux. La suppression de ces offices avait pourtant été une des plus sages réformes de Turgot et de Necker.

19 octobre

La capitulation de Cornwallis à Yorktown déclenche en France un immense enthousiasme.

22 octobre

Naissance du premier dauphin qui devait mourir en 1789.

DE 1781 A 1783

21 novembre

Maurepas meurt. Toute la cour se passionne pour le choix de son successeur. Finalement, Louis XVI déclare ne plus vouloir de Premier ministre. Il donne cependant le poste à Vergennes mais sans lui en accorder le titre. Vergennes ménage trop les coteries de la cour et se montre assez médiocre.

1782, 21 janvier

Couronné de fleurs à l'Opéra, pour fêter la capitulation de Cornwallis, La Fayette est nommé maréchal de camp par le roi tandis que la consternation s'abat sur l'Angleterre.

février

Suffren, venu en Inde au secours du radjah Haïder Ali, attaque l'escadre anglaise d'Hughes et l'oblige à se replier sur Ceylan.

mai-juin

Séjour à Versailles du grand-duc Paul, fils de Catherine de Russie.

juillet

Joly de Fleury impose un troisième vingtième, bien que tous les Parlements se soient montrés opposés à cet édit. Il se fait également accorder un don gratuit de seize millions par le clergé. Ces expédients ne suffisant pas, il doit se résoudre à emprunter, si bien qu'il dresse contre lui aussi bien les partisans de Necker que ses adversaires.

fin août

Suffren, vainqueur des Anglais en Inde, s'empare de Trinquemalé.

12 septembre

Afin de venir à bout du siège de Gibraltar, les flottes française et espagnole se réunissent dans la baie d'Algésiras. Toute une artillerie est dressée devant la place forte, mais au cours d'une sortie nocturne les Anglais font sauter les installations franco-espagnoles. De plus, Gibraltar est ravitaillé régulièrement, si bien qu'au mois d'octobre les alliés abandonneront le siège.

octobre

Ouverture des conférences de paix à Paris. Il est prévu la négociation de trois accords entre l'Angleterre d'une part, la France et les États-Unis d'autre part. Enfin l'Angleterre et la Hollande devront mettre un point final à leur conflit. Tous sont bien décidés à la paix, mais l'Espagne et les États-Unis ont les dents trop longues.

30 novembre

Les États-Unis signent des préliminaires séparés avec l'Angleterre qui, forte de cet accord, refuse Gibraltar à l'Espagne, mais lui rend la Floride.

1783, 20 janvier

Les préliminaires de paix entre la France et l'Angleterre sont signés.

février

Toujours pour protester contre la création du troisième vingtième, le Parlement de Besançon réclame la convocation des états généraux.

Joly de Fleury crée un comité des finances chargé de surveiller les différents budgets et d'essayer de les réduire. Cette mesure dresse contre lui tous les courtisans qui craignent de voir diminuer leurs pensions et surnomment le comité « le tombeau des grâces ».

30 mars

Le roi apprend que Joly de Fleury va lancer un nouvel emprunt et le congédie. Le Fèvre d'Ormesson, protégé de Miromesnil et de Vergennes, le remplace. Trop jeune, assez gauche, il bredouille et manque de confiance en lui. « Je suis plus jeune que vous, lui dit le roi pour le rassurer, et j'occupe une place plus grande que celle que je vous donne. »

avril

Premier emprunt de vingt-trois millions émis par Ormesson.

Pierre André de Suffren de Saint-Tropez, dit le bailli de Suffren, peint par Batoni (ci-dessus). Grâce à ces brillants faits d'armes, il apportera un appui précieux au prince indien Haïder Ali, allié de la France. Ce dernier, au cours de l'entrevue de juin 1782 évoquée par cette gravure (en bas à droite), déclara au bailli : « Je me suis cru un grand homme ; mais depuis que tu as paru, tu m'as éclipsé. »

Voici, représentée par ce tableau de Rossel (ci-dessus), une image de la bataille livrée en 1782 par Suffren à l'amiral anglais Hugues au large de Gondelour, sur la côte de Coromandel. Pour le combat, les deux armées navales sont placées en ligne de file, selon le vieil ordre immuable. A gauche, on voit une frégate française chargée du relais des signaux et naviguant, comme il se doit, en dehors de la ligne de bataille.

1783

15 avril

Mercy, l'ambassadeur autrichien, fait entrevoir à Vergennes qu'il pourrait avoir sa part dans le démembrement de l'empire ottoman qui se prépare entre Catherine de Russie et Joseph II, et lui propose l'Égypte. Vergennes refuse, déclarant qu'il s'entendra avec le roi de Prusse pour empêcher le partage. S'apercevant que Frédéric II est, au fond, favorable à cette guerre contre les Turcs — il espérait peut-être une contrepartie en Pologne — Vergennes, privé de cet appui, se radoucit avec l'Autriche.

5 juin

Premier « lâchez-tout » de l'Histoire. La merveilleuse aventure de la conquête de l'espace par l'homme avait commencé en 1782. Joseph Montgolfier, directeur d'une manufacture de papier d'Annonay, se trouvait devant la cheminée de sa cuisine. La domestique venait d'y étendre du linge, et le fabricant de papier rêvait... Il rêvait à sa marotte : faire des nuages artificiels qui monteraient comme les nuages naturels qu'il voyait s'élever chaque jour de sa fenêtre le long des monts du Vivarais. Soudain, Joseph Montgolfier tressaillit. Devant lui, une chemise exposée à l'air chaud se gonflait et tendait à s'élever. M. Joseph Montgolfier venait d'inventer la montgolfière! Le premier envol a lieu à Annonay ce 5 juin, mais aucun être vivant n'avait osé se laisser emporter par un ballon en papier huilé contenant de l'air chaud...

20 juin

Dernière victoire de Suffren aux Indes.

3 septembre

La paix est signée à Versailles. L'Angleterre reconnaît l'indépendance des États-Unis, qui sont limités au nord par le Canada anglais, au sud par la Floride et à l'ouest par le Mississipi. Elle rend à l'Espagne la Floride et Minorque, mais garde Gibraltar. La France et l'Angleterre se restituent mutuellement les territoires conquis. Ainsi la France retrouve ses comptoirs du Sénégal, garde Saint-Pierre et Miquelon et obtient le droit de fortifier Dunkerque hors de la présence d'un commissaire anglais. Le gouvernement français échange son droit de pêche sur la côte de l'est de Terre-Neuve contre le droit de pêche sur la côte du nord-est et de l'ouest. Sa nouvelle zone est peut-être plus étendue, mais assurément moins poissonneuse. Au moins n'y aura-t-il plus à ce sujet de querelles entre marins français et anglais.

Cependant en France, la paix est assez mal accueillie. Après cinq années de guerre et un milliard de dépenses, tant de victoires remportées par Suffren, on se trouve en droit de regretter que Vergennes n'ait rien gardé aux Indes, hors quelques comptoirs. Mais aux yeux du ministre une seule chose compte : avoir relevé le prestige de la France.

16 septembre

A Versailles, nouvelle expérience des frères Montgolfier. Les premiers passagers aériens furent un mouton, un coq et un canard. A la conquête de l'air, l'homme procède avec prudence : nos frères inférieurs font les frais des premières tentatives.

Louis XVI, en sortant de la chapelle, donne lui-même le signal. Il est une heure moins quatre minutes. Sept minutes plus tard, tandis qu'une longue et immense clameur d'admiration se fait entendre, le globe bleu et or marqué au chiffre de Sa Majesté s'élève majestueusement. Le roi, la lunette aux yeux, suit la course de la montgolfière qui, après huit minutes de vol, se pose en plein bois de Vaucresson, à une petite lieue de Versailles.

23 septembre

Première représentation en privé du *Mariage de Figaro*. La première à la Comédie-Française n'aura lieu que l'année suivante, le 27 avril 1784, et cela grâce à Marie-Antoinette. « Il y a quelque chose de plus fou que ma pièce, dira Beaumarchais lui-même, c'est son succès! » Il y avait quelque chose de plus fou encore : la joie des grands seigneurs en se voyant bâtonnés sur la scène et l'intervention de la reine dans cette affaire.

octobre

Mort de d'Alembert.

Nouvel emprunt de vingt-quatre millions émis par Le Fèvre d'Ormesson dont une partie lui est avancée par la Caisse d'escompte du banquier Fanchaud. Le public craint de voir l'État s'emparer des fonds de cette banque, aussi, bien que la somme ait été remboursée, se précipite-t-il aux guichets pour retirer son argent. Le roi doit ordonner le cours forcé des billets de la banque Fanchaud.

La mode ne perd pas ses droits. Les femmes se promènent avec des chapeaux sans fond qu'elles ont baptisés *à la Caisse d'escompte.*

21 octobre

Pilâtre de Rozier et le marquis d'Arlande s'envolent de la Muette

C'est à Versailles qu'eut lieu, le 19 septembre 1783, l'une des premières expériences aérostatiques. En présence du roi, de la reine et de la famille royale vient d'être lâché l'un des fameux ballons construits par les frères Montgolfier. Sous la « superbe machine à fond d'azur, avec le chiffre du roi et divers ornements en couleurs d'or », on aperçoit la petite nacelle dans laquelle ont été placés un mouton, un coq et un canard. La légende de cette gravure nous apprend que, « à une heure, un coup de canon annonça qu'on allait remplir la machine, onze minutes après, un second coup apprit qu'elle était pleine et un troisième qu'elle allait partir. Elle s'éleva alors majestueusement à une grande hauteur, à la surprise des spectateurs et au bruit des acclamations publiques. Elle se soutint quelque temps en équilibre et descendit lentement huit minutes après, à 1 700 toises de distance du point de son départ, dans le bois de Vaucresson, carrefour Maréchal. Le mouton, le coq et le canard n'éprouvèrent pas la plus légère incommodité. »

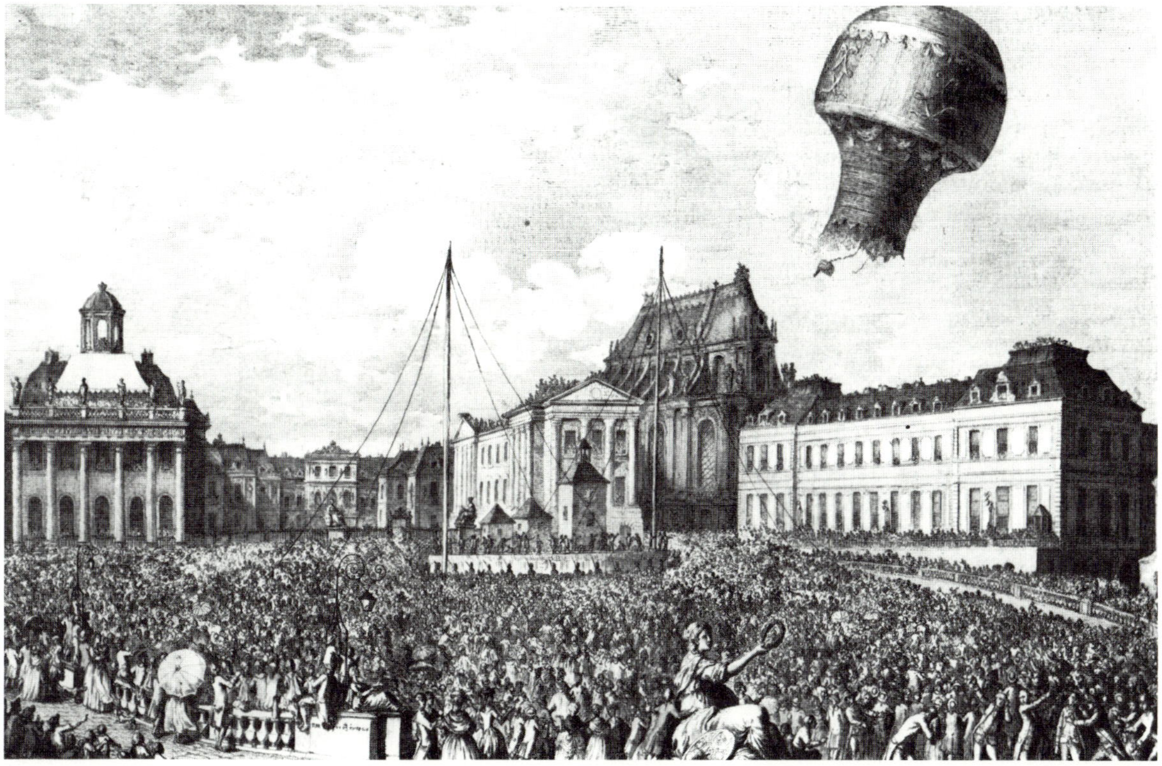

en montgolfière. Un quart d'heure plus tard, l'ombre du ballon se profile sur les tours de Notre-Dame dont les plates-formes sont noires de monde. Les deux aéronautes enfournent de nouvelles bottes de paille et la montgolfière change de cap. Bientôt apparaît au-dessous des aéronautes, tantôt ruisseau, tantôt lac, la Bièvre, un ruban d'argent serpentant entre des jardins potagers et des guinguettes, avant de longer la manufacture royale de tapisserie à qui les frères Gobelin, « marchands tapissiers écarlates », ont donné leur nom. Le boulevard Saint-Jacques est franchi à faible altitude. Les moulins du Petit-Gentilly sont frôlés de justesse. Arlande prend une botte de paille et la secoue pour l'enflammer plus vivement. Le ballon se relève et un courant le porte sur la gauche. Devant eux, la Bièvre décrit un grand S, entourant nonchalamment la Butte-aux-Cailles où gaiement tournent des ailes de moulin. Pilâtre de Rozier crie encore : « Gare aux moulins! » Mais l'aérostat se pose bien sagement entre le moulin des Merveilles et le Moulin-Vieux, distants d'une centaine de toises. Non sans difficultés, les premiers navigateurs aériens se dégagent de l'enveloppe qui, dégonflée, a recouvert les deux petites nacelles. Il est deux heures dix-neuf. Le voyage a duré vingt-cinq minutes.

LES COMEDIENS
ORDINAIRES DU ROI
DONNERONT aujourd'hui Dimanche 21 Août 1785,
LE ROI LEAR, Tragédie de M. Ducis,
Suivie DE LA COMTESSE D'ESCARBAGNAS,
Comédie en un Acte, de Moliere, avec un Divertissement.
Demain, la soixante-seizieme Représentation
DE LA FOLLE JOURNÉE,
OU LE MARIAGE DE FIGARO
Comédie nouvelle en cinq Actes, avec un Divertissement.
Mercredi 24, la septieme Représentation du JALOUX SANS AMOUR
Comédie en cinq Actes, en vers;
Et la quatrieme DE MELCOUR ET VERSEUIL,
Comédie nouvelle en un Acte, en vers.

Cette affiche de 1785 fut apposée, le 21 août, par les Comédiens ordinaires du roi. Elle annonçait, pour le jour même et les jours suivants, divers spectacles parmi lesquels on remarque une pièce intitulée De la folle journée, ou le mariage de Figaro. *Cette comédie en cinq actes, toute nouvelle, en était alors à sa soixante-seizième représentation. Mais un long avenir lui était promis, grâce à la classe de la société qu'elle fustigeait le plus : la noblesse, qui lui réserva un accueil enthousiaste.*

24 octobre

Assez courageusement Le Fèvre d'Ormesson s'attaque, comme l'avait fait Necker, aux prérogatives de la ferme, mais il le fait trop brutalement, mettant en régie la perception des traites et la vente du sel et du tabac. Les fermiers ont encore un bail de trois années, aussi envoient-ils une délégation au roi pour protester. Vergennes abandonne alors d'Ormesson qui a déjà contre lui tout le parti de la reine.

10 novembre

Il fallait s'y attendre : le roi renvoie Le Fèvre d'Ormesson. Cette disgrâce fait parvenir deux hommes

au pouvoir. D'abord Breteuil comme secrétaire d'État de la Maison du roi, qui adoucira le régime de la Bastille et supprimera la censure. Ensuite Calonne, intendant de Flandre et d'Artois, qui reçoit la charge de contrôleur général. Talleyrand, qui s'y connaissait en la matière, dira de Charles-Alexandre de Calonne qu'il possédait une intelligence fine et propre. Sans doute, n'était-il aimé ni du roi ni de la reine — il nageait dans les intrigues — mais il avait l'appui des Polignac qui réussirent à faire valoir la confiance que les financiers avaient en lui. Or le roi avait besoin des financiers. On va bientôt appeler Calonne « l'enchanteur ». Il appliquera son fameux principe : dépenser beaucoup pour paraître riche. Fin manœuvrier, il empruntera pour dépenser : cent millions dès le mois de décembre. Marie-Antoinette le dira plus tard : « Comment aurais-je pu me douter que les finances étaient en si mauvais état ? Quand je demandais cinquante mille livres, on m'en apportait cent mille ! »

Les fermiers généraux consentent à verser au Trésor plus qu'ils ne lui doivent, à condition que Calonne fasse construire un mur autour de Paris afin de pouvoir mieux réprimer les fraudes. Malgré la protestation de tous ceux qui possèdent une maison en banlieue, Calonne accepte la proposition. C'est ce mur dont on dira : « Le mur murant Paris rend Paris murmurant. »

1784, 8 janvier

Convention de Constantinople signée avec les Turcs. Menée par Vergennes, elle accorde aux Russes la Crimée, le Kouban et l'île de Taman. Cet accord ne détruit pas l'équilibre européen, mais est néfaste aux Français qui font du commerce dans la mer Noire. La France a donc abandonné la Turquie. Fort heureusement, l'Autriche, peu sûre de l'attitude de la France, n'a rien exigé.

Joseph II, cherchant une compensation vers les Pays-Bas et voulant donner de l'air à Anvers, demande la réouverture de l'Escaut, dont l'embouchure appartient aux Hollandais. Pour la France, c'est le danger de voir l'Escaut devenir fleuve autrichien, et de faire de l'Autriche une grande puissance commerciale. Frédéric II se montre, lui aussi, inquiet de cet accroissement de puissance de l'Autriche et encourage la France à défendre la Hollande.

22 et 24 juillet

Un projet datant de Sully et repris par Louis XIV est enfin réalisé. Le prince de Condé inaugure au nom du roi les travaux de trois canaux : le canal de Bourgogne, reliant la Seine à la Saône, celui du Centre, joignant la Saône à la Loire, enfin le canal du Rhône au Rhin.

31 juillet

Mort de Diderot.

11 août

Prélude à l'affaire du collier. Une nuit dans le parc de Versailles, la fameuse entrevue du *bosquet* manigancée par Mme de La Motte pour berner le cardinal de Rohan et au cours de laquelle une « barboteuse de rue », Nicole Legay, tient le rôle de la reine et tend une rose au grand aumônier de France en murmurant : « Vous pouvez espérer que le passé sera oublié. »

Désormais, Mme de La Motte poursuivra l'escroquerie et pourra adresser au cardinal « au nom de la reine » toutes les demandes imaginables. Elles seront accueillies par Rohan avec « un sentiment profond de respect et de reconnaissance ».

4 octobre

A la hauteur de Saftingen, les Hollandais tirent sur *le Louis*, un brigantin autrichien qui descendait l'Escaut, Joseph II lui ayant donné l'ordre de forcer le passage. La guerre paraît inévitable. Joseph II mobilise une armée de quatre-vingt mille hommes. Sous les ordres du prince de Condé deux corps d'armée vont camper en Flandre et sur le Rhin. L'activité de Marie-Antoinette redouble. Durant toute cette période — il faut le reconnaître avec tristesse — elle est bien plus le ministre de son frère que la reine de France. Joseph II ira jusqu'à lui adresser deux lettres par le même courrier : une qu'elle pourra montrer à son époux et l'autre qu'elle devra garder secrète. Pour tout arranger, les Provinces Unies demandent protection à Louis XVI. Cependant, voyant que l'Angleterre offre son aide à la Hollande, Vergennes décide d'éviter la guerre à tout prix.

31 octobre

Le successeur de Sartine à la Marine, Castries, rédige une ordonnance sur le recrutement des marins : les hommes mariés voient le temps de service réduit et chaque marin peut s'affranchir de son engagement en prévenant un an à l'avance.

novembre

Début de l'affaire du collier, premier coup de tonnerre de la

Pages précédentes, à gauche, le salon rond de l'Hôtel de Breteuil a été reconstitué au musée Carnavalet dans l'état même où on pouvait le voir, au XVIIIe siècle, rue Matignon.

Pages précédentes, à droite, le serre-bijoux de la reine Marie-Antoinette. Ce cabinet, placé actuellement dans la chambre à coucher de la reine, lui fut offert par la Ville de Paris en 1787. Il est l'œuvre de l'ébéniste d'origine allemande Jean Ferdinand Schwerdfeger, établi à Paris depuis 1760, qui l'exécuta en collaboration avec le ciseleur et orfèvre Pierre Philippe Thomire et le peintre Degault.

L'empereur germanique Joseph II, peint par Doncre. Fils aîné de François Ier et de Marie-Thérèse, il monta sur le trône impérial en 1765, à la mort de son père. Mais son règne effectif n'intervint véritablement qu'à la mort de l'impératrice Marie-Thérèse. Se voulant le représentant du despotisme éclairé, il travailla, malgré un caractère froid et méfiant, au bonheur de son peuple. Ce portrait, peint en 1777 à l'occasion d'un voyage de l'empereur à Namur, fut donné à la ville en 1783.

révolution. Bohmer et Bassenge, bijoutiers de la Couronne, cherchent à vendre un collier extraordinaire lourdement monté, mais réunissant cinq cent quarante diamants admirables, et offrent mille louis à qui les aidera dans cette vente. Laporte, avocat couvert de dettes, en parle à Mme de La Motte en lui demandant, au nom des bijoutiers, d'agir auprès de la reine pour qu'elle fasse l'acquisition du fameux collier, alors qu'elle l'avait tout d'abord refusé en déclarant :

— Nous avons plus grand besoin d'un vaisseau que d'un collier.

Tout ce petit monde s'imagine que l'aventurière connaît Marie-Antoinette. La décision de Mme de La Motte est vite prise : elle fera acheter le bijou par le cardinal et le gardera pour elle. L'escroquerie ne sera découverte que neuf mois plus tard.

20 novembre

Malgré l'opposition de la reine, Louis XVI envoie une note à Joseph II, exigeant qu'il renonce à la réouverture de l'Escaut. Le jour même où Louis XVI signait cette note, Joseph II, sachant qu'il n'aurait aucun allié dans cette guerre, prévient Versailles qu'il va négocier avec la Hollande.

30 novembre

Mercy soumet à Versailles le projet de Joseph II : échanger ses possessions des Pays-Bas contre la Bavière. La proposition aurait pu être une heureuse solution au problème de l'Escaut, puisque Joseph II n'aurait plus besoin de le faire ouvrir. De plus, si la France donnait son accord, elle recevrait le Luxembourg et le Namurois. Vergennes se montre tenté par cet accord. Il en accepte le principe, mais non sans réserves.

1er décembre

Le Conseil se réunit avant d'accepter l'offre de Joseph II, et demande que l'empereur s'assure de l'accord du roi de Prusse et des princes allemands.

fin décembre

La reine essaie d'obtenir de Vergennes qu'il accepte l'échange sans tenir compte de la Prusse. Vergennes refuse et la reine — elle le dira elle-même — lui fait une « telle algarade », que Vergennes offre sa démission, démission qui — échec à la reine — est refusée par le roi.

Calonne émet un emprunt de cent vingt-cinq millions. Cette fois le Parlement de Paris s'étonne que les précédents emprunts n'aient pas réussi à couvrir toutes les dépenses.

ET PENDANT CE TEMPS...

1774
A Philadelphie, les représentants de treize colonies anglaises rédigent la Déclaration des Droits.

1774
La guerre turco-russe s'achève par le traité de Kaïnardji. La Russie pourra désormais intervenir dans les affaires ottomanes ; l'Autriche reçoit la Bukovine.

1775
La guerre dite de l'Indépendance américaine commence entre les Insurgents et les Anglais. George Washington est nommé général en chef par le Congrès.

1776
Le Congrès américain vote — le 4 juillet — la Déclaration d'Indépendance des États-Unis, consacrant la liberté et la souveraineté du peuple. Les treize États se trouvent symbolisés par les treize bandes du drapeau américain.

1777
Défaite des Anglais à Saratoga, non loin de New York.

1780
Face à l'Angleterre, la ligue de neutralité armée est formée par la Suède, le Danemark, la Russie et la Prusse. A Vienne, mort de Marie-Thérèse.

1781
En Autriche, Joseph II abolit le servage et supprime treize cents couvents des ordres contemplatifs.

1782
L'Angleterre accorde son autonomie à l'Irlande, mais les catholiques ne seront ni électeurs ni éligibles au Parlement de Dublin.

1784
Le favori de Catherine, Potemkine, fonde Sébastopol et ordonne la construction de la flotte de la mer Noire.

27 décembre

Le Parlement envoie des remontrances au roi lui demandant de surveiller son administration financière.

LA ROYAUTÉ ROULE VERS L'ABÎME

Marie-Antoinette, reine de France, peinte par Louise-Élisabeth Vigée-Lebrun en 1783. Ce portrait, dit « à la rose », est sans aucun doute le plus célèbre, le plus gracieux aussi que l'on connaisse de Marie-Antoinette. La reine, dans tout l'éclat de son épanouissement, est représentée vers l'âge de vingt-huit ans. Dans une attitude d'un charme infini, elle tient à la main une rose qu'elle va ajouter au bouquet qu'elle compose.

1785

Au cours de cette année, année de l'affaire du collier, année de la première réunion de l'Assemblée du clergé, la révolution fait entendre ses premiers grondements. Calonne a laissé entendre qu'il exigerait que l'Assemblée lui fournisse un « état de tous les biens » comme le gouvernement le demandait au clergé depuis 1725.

Or, au dernier moment, il annonce qu'il se contentera d'un don gratuit de vingt millions. L'Assemblée lui en accorde dix-huit, mais en échange elle exige la promesse du gouvernement qu'il ne demanderait pas cet « état des biens » avant un an.

L'opinion publique en voudra beaucoup à Calonne d'avoir cédé aussi facilement devant l'Église. Il est vrai qu'il avait en face de lui une forte résistance, mais il aurait fallu éviter les demi-mesures et oser faire de profondes réformes.

janvier

Coup très grave pour Calonne et qui fera baisser considérablement son crédit, Necker fait paraître un ouvrage, *L'administration des finances*, qui est l'éloge de sa propre politique et une accusation très sévère de celle de Calonne. En un mois, douze mille exemplaires seront vendus!

Par ailleurs, la générosité de Calonne pour les dépenses de la famille royale et des courtisans — le chiffre des pensions atteint alors trente-deux millions par an — le rend de plus en plus impopulaire.

27 mars

Naissance du duc de Normandie, futur Louis XVII.

24 mai

Marie-Antoinette fait son entrée à Paris après la venue au monde de son second fils. « La reine a été reçue très froidement, il n'y a pas eu une seule acclamation, mais un silence parfait. » En regagnant Versailles, elle pleure longuement dans les bras de Louis XVI. Pour la première fois, elle sent combien est profond le fossé qui la sépare des Français, mais les mobiles de cet accueil lui échappent. « Que leur ai-je fait?... » demande-t-elle à travers ses sanglots.

12 juillet

Bohmer remet à Marie-Antoinette le billet qui révélera à la reine l'affaire du collier.

23 juillet

Inquiet de toutes les ambitions de l'Autriche, Frédéric II décide de grouper autour de lui les princes allemands. Il forme donc une confédération, le *Fürstenbund*, qui va devenir la plus grande puissance militaire d'Europe et à laquelle adhère la plus grande partie de l'Allemagne.

juillet

L'été 1785 verra une terrible sécheresse catastrophique surtout pour l'élevage et plus particulièrement celui des ovins — ce qui provoquera une crise de la viande.

9 août

Marie-Antoinette ignore encore la trop célèbre histoire du bosquet où elle aurait prétendument accordé une entrevue secrète à Rohan, aussi désire-t-elle que cet « étrange roman » — c'est ainsi qu'elle appelle l'affaire du collier — soit au plus vite tiré au clair. Elle demande à Bohmer de rédiger un mémoire. Le bijoutier l'apportera trois jours plus tard.

15 août

Le roi, la reine, le garde des Sceaux et le ministre de la Maison du roi se réunissent dans le cabinet royal. Louis XVI somme le cardinal de Rohan d'écrire immédiatement un rapport sur l'affaire. Le texte, qu'il remet au roi un quart d'heure plus tard, est aussi peu clair que possible. Un seul fait en ressort : « Une femme nommée de Valois m'avait persuadé que c'était pour la reine qu'il fallait faire l'acquisition du collier et cette femme m'a trompé. »

Revêtu de son habit pontifical, le cardinal sort du cabinet du roi; toute la cour est massée dans les salons. Soudain une voix — celle de Breteuil — fait sursauter tout le monde. « Arrêtez monsieur le cardinal! » Une bombe aurait éclaté dans la galerie des Glaces qu'elle n'eût certes pas causé plus d'effroi et de stupeur. Seul le prélat garde son calme et, debout, à l'entrée de la galerie, écrit un billet à son *alter ego*, l'abbé Georgel, lui demandant de brûler toutes les lettres contenues dans le « portefeuille rouge »... C'étaient des billets — des faux — que le grand aumônier s'imaginait lui avoir été adressés par la reine et que lui avait remis Mme de La Motte.

Le scandale est considérable. « Ce n'est qu'en France, écrit l'archiduc Léopold à son frère Joseph II, que l'on peut voir un cardinal-archevêque, grand aumônier du roi, sans religion ni mœurs, arrêté comme faussaire de billets, filou et escroc. » « C'est incroyable! » s'exclamait-il encore. Et c'est bien aussi l'avis de l'empereur : « Je ne l'aurais pas cru capable d'une friponnerie et d'un trait aussi noir que celui dont on l'accuse. » Les deux frères de Marie-Antoinette semblent douter de la culpabilité du cardinal. Leur sœur est-elle totalement étrangère à l'intrigue? Ils n'osent poser la question... mais à Paris on n'a pas de telles hésitations.

18 août

Arrestation de Mme de La Motte qui va tout d'abord nier toute participation à l'affaire. Puis ses explications seront fort embrouillées. Tout nous paraît clair aujourd'hui, mais à l'époque il n'en était pas de même. « Il est impossible, s'exclamait l'archevêque de Tours, que le cardinal soit coupable d'être tombé dans une escroquerie aussi grossière! » Fersen, qui se trouve à son régiment, se fait l'écho de ces bruits : « On dit que tout cela n'était qu'un jeu entre la reine et le cardinal, qu'il était fort bien avec elle, qu'elle l'avait en effet chargé de lui acheter le collier... » Pour ses ennemis, Marie-Antoinette avait dû tremper d'une manière ou d'une autre dans l'affaire! Les plus indulgents imaginaient que la scène du bosquet avait été manigancée pour amuser la reine cachée derrière une charmille. Marie-Antoinette, avec la complicité de Breteuil — ou même de Jeanne de La Motte, osaient dire certains... — avait voulu berner Son Éminence! Ensuite, Jeanne aurait poursuivi l'intrigue pour son propre compte. Tout paraît alors plus normal : le cardinal cesse d'être un imbécile et Mme de La Motte n'est plus le génie même de l'intrigue! Bien que, jusqu'à nouvel ordre, l'historien impartial puisse difficilement adopter cette thèse...

8 novembre

Traité de Fontainebleau signé entre l'empereur et la Hollande avec la médiation française. Les Hollandais se sentant abandonnés capitulent : ils adresseront à Vienne une ambassade et feront des excuses pour les coups de canon envoyés au brigantin. Ils verseront également une indemnité fort raisonnable... et la France, qui n'est pour rien dans la canonnade, s'engage à en payer une partie! Telle sera l'origine de la légende de caisses d'or passant la frontière, de ces fameux deux cents millions expédiés par Marie-Antoinette à son frère pour qu'il puisse faire la guerre contre les Turcs!

Quoi qu'il en soit, Vergennes a réussi à éviter la guerre.

décembre

Calonne émet un troisième emprunt de quatre-vingts millions. Cette fois, le Parlement n'enregistre l'édit que sur le « très exprès commandement du roi ». Louis XVI déclare qu'il n'acceptera pas ces remontrances perpétuelles et affirme être satisfait de son contrôleur général.

Les Parlements de province eux aussi s'agitent. A Rennes, les magistrats refusent d'enregistrer un arrêt du Conseil interdisant aux marchands de tabac de râper le tabac

A gauche, l'instigatrice de l'Affaire du Collier, l'intrigante comtesse de La Motte, qui va persuader le naïf cardinal de Rohan (à droite), archevêque de Strasbourg et grand aumônier de France, que sa rentrée en grâces auprès de la reine sera totale s'il sert d'intermédiaire pour l'achat d'un collier de diamants prétendument désiré par Marie-Antoinette (peintures anonymes).

Voici, à gauche, la reconstitution de l'écrasant collier de diamants dont Rohan, pour le prix non moins écrasant de 1 600 000 livres, fit l'acquisition au nom de la reine chez Bohmer et Bassenge (ci-dessous).

à priser et accordant ce droit aux fermiers. Sur l'ordre du roi, le Parlement doit céder. A Bordeaux, le Parlement s'oppose, lui aussi, à l'enregistrement de l'édit par lequel le gouvernement prétend reprendre certains territoires qu'il affirme lui appartenir, en particulier la région du vin de Médoc. Aussi le roi convoque-t-il les parlementaires à Versailles : quatre-vingts conseillers s'y rendent et finalement le roi s'incline et leur donne raison.

1786

Au petit village de Brachay, Philippe Lebon découvre le principe de la fabrication du gaz d'éclairage. Ingénieur des ponts et chaussées, il consacrait une grande partie de son temps à s'enfermer dans sa maison pour faire des expériences sur ce qu'il appelait des « machines à feu ». Il remplissait de sciure de bois des flacons. puis il les chauffait. Un jour, pour ne pas se brûler les doigts, il entoura l'ouverture du flacon d'un linge mouillé, puis il s'aperçut que la fumée qui en sortait n'était plus noire mais blanche et que, si on en approchait une allumette allumée, elle brûlait. Lebon venait d'inventer le premier bec de gaz!

1er janvier

Castries modifie le recrutement des officiers, laissant cette fois une chance aux roturiers. Il devait également lever un régiment d'artillerie coloniale et améliorer les conditions de vie des marins en créant une médecine et une pharmacie navales.

De son côté, par une série d'ordonnances, Ségur réorganise la discipline et la vie du soldat; les punitions sont adoucies, l'hygiène et les soins rendus bien meilleurs. Ces règlements passeront dans les lois de la Révolution et de l'Empire.

22 mai

Aveuglée par la vengeance, la reine estime le cardinal coupable, sinon d'avoir volé le collier, du moins d'avoir osé croire à son amour, et elle pousse le roi à renvoyer l'affaire devant le Parlement. En agissant ainsi, elle va faire croire à sa culpabilité! La reine n'a pas hésité à confier son honneur à ces robins frondeurs qui la détestent et n'ont qu'un but : humilier la couronne, abaisser la souveraine! Ce n'est plus le procès du cardinal qui va commencer, mais celui de Marie-Antoinette.

31 mai

Par 26 voix contre 22, le cardinal de Rohan est entièrement « déchargé de toute espèce d'accusation », alors que certains avaient préconisé de faire avouer principalement à l'accusé « que c'était témérairement qu'il s'était permis de croire à un rendez-vous nocturne et supposé sur la terrasse de Versailles, et que c'était témérairement, à l'insu et sans s'être assuré par lui-même des intentions du roi et de la reine, qu'il avait entamé et suivi une négociation avec lesdits Bohmer et Bassenge ».

Le cardinal, totalement blanchi, est mis en liberté. Paris veut illuminer, mais la police intervient. Le même soir, autour de la Bastille, dix mille personnes crient leur enthousiasme... et, en acclamant le cardinal, manifestent leur joie de voir « l'Autrichienne humiliée ». C'est bien la défaite de la reine que l'on célèbre!

juillet

Le déficit, principale cause immédiate de la Révolution, devient de plus en plus grave. Calonne remet ce mémoire au roi : « Il est indispensable de reprendre en sous-œuvre l'édifice entier pour en prévenir la ruine, explique-t-il. Il est impossible d'imposer plus, ruineux d'emprunter toujours; non suffisant de se borner aux réformes économiques, le seul parti qui reste à prendre, le seul moyen de parvenir enfin à mettre véritablement de l'ordre dans les finances doit consister à vivifier l'État tout entier par la refonte de tout ce qu'il y a de vicieux dans sa constitution. » Il fallait d'abord essayer de créer l'égalité entre les provinces — pays d'état et pays d'élection — mais aussi entre les trois classes formant la nation. Par ailleurs, impossible d'augmenter encore les impôts. Si le salaire n'avait augmenté que de 22 %, les prix avaient atteint 65 % d'augmentation. La réforme que présentait Calonne avait un triple aspect : fiscal, économique et administratif. Il aurait voulu abolir des privilèges, mais, sachant déjà que les Parlements s'y opposeraient, il préféra présenter ce plan de réforme : « liberté de circulation des grains, abolition de la corvée, diminution de la taille et de la gabelle, liberté du commerce, remplacement du vingtième par une subvention territoriale qui serait payée en nature ».

Lorsque Louis XVI prend connaissance de ce texte, il s'exclame :

— Mais, c'est du Necker tout pur que vous me donnez là!

Et Calonne aurait, dit-on, répondu :

— Sire, dans l'état des choses présent, on ne peut rien offrir de mieux.

Cependant, Calonne réussit à convaincre Louis XVI que le projet ne serait jamais enregistré par les Parlements et qu'il valait mieux le présenter d'abord à une assemblée des notables. Vergennes et Miromesnil s'y opposent, mais ils doivent céder. Ils obtiennent seulement que l'assemblée ait lieu dans un an.

26 septembre

Un traité de commerce entre la France et l'Angleterre, appelé « traité Rayneval », du nom du physiocrate, secrétaire de Vergennes, met fin à la guerre commerciale qui n'a jamais cessé depuis plus d'un siècle entre les deux pays. Désormais, les vins de France n'acquitteront pas de droits plus élevés pour entrer en Angleterre que les vins du Portugal, les batistes et les linons français ne payeront pas plus que les toiles de Hollande. Rien n'était malheureusement stipulé pour les soieries, au grand dommage de l'industrie française.

décembre

Guillaume V refuse le compromis entre lui et les États de Hollande que Vergennes et le roi de Prusse étaient parvenus à mettre sur pied.

29 décembre

Le Conseil rédige les lettres de convocation pour l'assemblée des notables, qui sont invités à se rendre à Versailles le 29 janvier.

30 décembre

Louis XVI semble tout heureux de cette convocation dont il attend le salut et le lendemain il aurait dit à Calonne : « Je n'ai pas dormi de cette nuit, mais c'était de plaisir. »

1787

Année de la publication de *Paul et Virginie*. L'année 1787 est également marquée par des pluies et des inondations violentes et catastrophiques pour la culture.

11 janvier

Le comte Philippe de Ségur, envoyé par Vergennes comme ambassadeur en Russie, réussit à faire signer un traité de commerce entre les deux pays qui ouvre le marché russe aux vins et aux savons français. La Russie accorde aux marchands français les mêmes avantages qu'aux

La première séance de l'Assemblée des notables fut tenue, à Versailles, le 22 février 1787. Présidée par le roi, elle était composée des princes, des officiers de la couronne, des secrétaires d'État, des pairs du royaume, des conseillers d'État, de maîtres des requêtes, de maréchaux de France, d'ar-

chevêques, de présidents de parlements et conseils souverains, enfin de municipaux de villes et de députés d'État. On voit, à gauche, la liste des principaux personnages qui formèrent l'assemblée, tandis qu'une gravure de Niquet, à droite, rappelle l'ordre dans lequel ils siégèrent.

anglais. Vergennes se tourne ainsi vers la Russie dans le but de sauvegarder l'équilibre occidental. Quant à la Russie, elle avait intérêt à ne pas avoir la diplomatie française contre elle.

février

Marie-Antoinette assiste à une représentation d'*Athalie*. Cette tirade de Joad est applaudie à tout rompre :

Confonds dans ses conseils cette reine cruelle ;
Daigne, daigne, mon Dieu, sur Nathan et sur elle,
Répandre cet esprit d'impudence et d'erreur
De la chute des rois funeste avant-coureur.

Et la reine quitte sa loge.

13 février

Mort de Vergennes. Assurément, Calonne perd un très précieux conseiller pour l'assemblée des notables qui va s'ouvrir avec trois semaines de retard sur la date prévue.

Vergennes a comme successeur Montmorin qui sera, lui aussi, un grand travailleur, mais, de caractère beaucoup plus faible, il laissera la reine et les ambassadeurs embrouiller sa politique.

22 février

Première réunion de l'assemblée des notables qui comprend cent quarante-six participants, soit trente-trois magistrats des Parlements, quatorze prélats, trente-six grands seigneurs, treize intendants et treize conseillers d'État, enfin trente-sept députés du Tiers. Une faute du gouvernement a été de maintenir secrètes ses intentions. Tous sont en droit de croire que c'est pour profiter d'un effet de surprise et utiliser la nouvelle assemblée à ses fins que la date de la première réunion a été repoussée. Pendant cette période d'attente les notables ont été reçus dans tous les salons de Paris et on leur a fait honte de leur rôle de pantins.

Calonne prend la parole et expose le montant du déficit : quatre-vingts millions de livres, somme qui n'avait jamais été révélée jusque-là. Puis il démontre que la seule façon de remédier à la situation est la suppression des abus.

23 février

Six projets, menaçant de nombreux privilèges, sont présentés aux notables :

1) Pour les provinces qui n'ont pas d'états, trois sortes d'Assemblées seraient créées. D'abord les assemblées paroissiales où siégeraient tous ceux qui avaient un revenu de six cents livres. Ceux qui ont un revenu supérieur obtiendraient un nombre de voix proportionné, ceux qui n'atteignent pas cette somme se grouperaient pour avoir un représentant à l'Assemblée.

2) Seraient créées des assemblées de district, formées par un député de chaque paroisse — deux pour les villes de plus de douze mille habitants; des Assemblées provinciales (un député par district).

Ces Assemblées ne siégeraient qu'une fois par an; elles répartiraient les impôts, les travaux à exécuter, l'assistance aux malheureux, etc. Les intendants pourraient y siéger lorsqu'ils le désireraient et devraient donner leur autorisation aux projets établis par l'Assemblée.

3) Une subvention territoriale remplacerait le vingtième et serait payée en nature au moment de la récolte. Toutes les terres, même celles des châteaux, seraient réparties en quatre catégories selon leur valeur et payeraient : 1/20, 1/25, 1/30 ou 1/40 suivant leur catégorie. On le précisait avec raison : « On ne peut faire un pas dans ce vaste royaume sans y trouver des lois différentes, des usages contraires, des privilèges, des exemptions, des affranchissements (d'impôts), des droits et des prétentions de toute espèce : et cette dissonance générale complique l'administration, interrompt son cours, embarrasse ses ressorts et multiplie partout les frais et le désordre. »

4) Le gouvernement désirait que le clergé remboursât ses cent trente-quatre millions de dettes afin de pouvoir l'imposer lui aussi. Pour cela on l'autorisait à vendre ses droits de justice, droits honorifiques, droits de chasse, etc. « Les ecclésiastiques sont, par leur naissance, citoyens et sujets. Leur consécration, loin de les soustraire aux devoirs que leur imposent ces premiers titres, ne fait que les y soumettre davantage; comme pasteurs, ils doivent l'exemple; comme ministres des autels, ne pouvant servir l'État de leur personne, ils doivent l'aider de leurs biens; comme bénéficiers, pourraient-ils ne pas se souvenir que ce sont les libéralités des rois et de la nation qui les ont enrichis ? »

5) Réforme de la taille. Pour les plus indigents, elle serait réduite à une journée de travail. Certaines paroisses trop pauvres seraient dégrevées. Enfin, la corvée des chemins serait remplacée par une taxe en argent.

6) Liberté de commerce des grains.

Il fallait s'y attendre, le ton révolutionnaire employé par Calonne inquiète non seulement les notables mais aussi l'opinion publique. Les notables estiment qu'on leur impose trop une volonté au lieu de solliciter la leur. Ils avaient été si criblés de railleries que, maintenant, ils raidissaient leur position. « Nous prenez-vous pour des moutons, déclara l'évêque Dillon à Calonne, de nous réunir pour avoir notre sanction à une besogne toute digérée ? »

Dans Paris, circulent un grand nombre de caricatures et de satires visant Calonne, ses maîtresses et son entourage douteux.

2 mars

Au cours d'une conférence présidée par le comte de Provence, Calonne se défend avec beaucoup d'éloquence, pendant cinq heures d'affilée, mais sans réussir à convaincre qui que ce soit. Il avoue, ce jour-là, que le déficit n'est pas de quatre-vingts, mais de cent treize millions. On lui demande alors de communiquer sa comptabilité, mais il refuse.

L'opposition des notables devient alors si violente que Calonne pense un moment dissoudre cette assemblée qui n'a pourtant qu'une semaine d'existence. La reine, qui n'a jamais aimé Calonne, le présente au roi comme un fou dangereux. Montmorin, Provence, Conti et Brienne l'accusent de banqueroute.

8 avril

Louis XVI, impressionné par cette presque unanimité dressée contre Calonne, le congédie. Le même jour,

La carte des gabelles — ou impôt sur le sel. Eau-forte anonyme. Le prix du sel, très élevé dans les pays de grande gabelle, était moindre dans les pays de petite gabelle, les pays de salines — où le sel provenait des gisements de sel gemme de Lorraine — et en Provence. Quant aux provinces rédimées — c'est-à-dire qui s'étaient en partie rachetées — elles jouissaient d'une situation privilégiée.

Miromesnil, jugé trop soumis aux Parlements, est remplacé par Lamoignon. Se pose maintenant la question du successeur de Calonne : la majorité de l'opinion demande le rappel de Necker. Marie-Antoinette préconise Brienne, archevêque de Toulouse. Mais Louis XVI déteste Brienne pour ses mauvaises mœurs. Lorsqu'il avait été question de donner au prélat l'archevêché de Paris, le roi s'y était opposé en s'écriant : « Il faudrait au moins que l'archevêque de Paris crût en Dieu ! » Il avait déclaré aussi : « Je ne veux ni neckraille ni prêtraille. » Aussi le roi décide-t-il de mettre Calonne en coulisse pour pouvoir le rappeler au moment nécessaire et il nomme contrôleur général Bouvard de Fourqueux, un vieux conseiller d'État, ami de Calonne, qui n'a en fait aucune connaissance en matière de finances. Ses propres subordonnés se moquaient de lui.

18 mai

Le déficit financier continuant à s'aggraver, Louis XVI renvoie Fourqueux et le jour même appelle Loménie de Brienne, alors âgé de soixante ans. La reine exulte : « Il ne faut pas s'y tromper, messieurs, dit-elle en sortant de la chambre du Conseil, c'est un Premier ministre ! » Il est certain que Brienne — ses mœurs mises à part — ami de Turgot et de Choiseul, possède un esprit cultivé, une certaine adresse et est doué de qualités d'organisateur qui peuvent donner l'impression d'un homme d'État. Joseph II l'avait considéré comme tel, mais, l'avenir le prouvera, Loménie de Brienne fait surtout illusion. Après l'avoir nommé chef du Conseil des finances et en quelque sorte Premier ministre — il en aura bientôt le titre — le roi met sous ses ordres Laurent de Villedeuil, intendant de Rouen, en qualité de contrôleur général, qui ne tardera d'ailleurs pas à démissionner et sera remplacé par un vieux conseiller d'État intègre : Lambert.

Brienne reprendra les projets de Calonne qu'il a tant combattus en qualité de notable. Il promet à ses anciens collègues que des économies seront réalisées, qu'un conseil spécial des finances surveillera les dépenses, mais il demande la subvention territoriale. Les notables répondent qu'ils n'ont pas le pouvoir de décider de nouveaux impôts. C'était sous-entendre que le roi aurait dû réunir les états généraux. Ainsi que le dit fort bien Matthiez : « Si Brienne avait eu autant de courage que d'intelligence, il eût fait droit au vœu des notables. La convocation des états généraux accordée volontairement à cette date de mai 1787, alors que le prestige royal n'était pas encore compromis, aurait sans nul doute consolidé le pouvoir de Louis XVI. Les privilégiés eussent été pris à leur piège. La bourgeoisie aurait compris que les promesses de réforme étaient sincères. Mais Louis XVI et la cour redoutaient les états généraux. Ils se souvenaient d'Étienne Marcel et de la Ligue. Brienne préféra renvoyer les notables, laissant échapper ainsi la dernière chance d'éviter la révolution. Dès lors la rébellion nobiliaire, dont l'aristocratie judiciaire prend la direction, ne connaît plus de frein. »

25 mai

Séance de clôture de l'assemblée des notables. Au cours de cette

Au Roi

Charles-Alexandre de Calonne (1734-1802), par Mme Vigée-Lebrun. Ce brillant orateur, cet administrateur habile et cependant impopulaire fut d'abord avocat, échevin de Douai puis procureur de la ville. Calonne acquiert ensuite une certaine notoriété en instruisant le procès des magistrats de Rennes à la suite du différend opposant le Parlement au gouverneur La Chalotais. Après avoir occupé le poste d'intendant de la généralité de Metz, puis de Lille, Calonne est appelé au Contrôle général des finances en 1783. C'est un an plus tard que Mme Vigée-Lebrun en exécute ce beau portrait où elle représente le ministre, souriant et charmeur, décoré de l'ordre du Saint-Esprit. On pensa, à l'époque, qu'une tendre liaison attachait le peintre à son modèle. Mais de telles assertions furent démenties par Mme Vigée-Lebrun elle-même dans ses Mémoires.

séance, le premier président d'Aligre déclare que les Parlements vont entrer en action : c'est justement ce qu'avait voulu éviter Calonne. A la résistance des notables succédera la résistance des parlementaires. De toute manière la royauté roule vers l'abîme.

juin

Pour s'assurer l'appui de l'opinion publique, le Parlement accepte d'enregistrer un certain nombre d'édits concernant la libre circulation des grains, le remplacement de la corvée par une somme d'argent et un édit sur les assemblées provinciales. Enfin, les parlementaires réservent leur veto pour les édits fiscaux concernant la subvention territoriale — elle était populaire parce que frappant les privilégiés — et le timbre qui permettrait au gouvernement de quadrupler la taxe payée pour tout document officiel ou même privé jusqu'aux billets de mariage qui seraient pour ainsi dire vendus!

28 juin

Les états de Hollande font rebrousser chemin à Wilhelmine, femme du stathouder et sœur de Frédéric-Guillaume, qui se rendait à La Haye pour organiser une manifestation orangiste. Frédéric-Guillaume prétend voir là un affront personnel et concentre vingt mille hommes à la frontière.

4 juillet

Les Anglais prennent parti dans l'affaire de la princesse Wilhelmine et demandent à Montmorin de s'expliquer sur l'aide qu'il apportait aux patriotes. Habilement, le ministre essaie de ménager les uns et les autres.

22 juillet

Brienne présente au Parlement l'édit concernant la création de l'impôt sur le timbre. C'était là une maladresse. Mieux aurait valu commencer par la subvention territoriale, très populaire.

Le Parlement en profite pour demander l'état des recettes et des dépenses. Le roi refuse, disant que celles-ci ont déjà été montrées aux notables.

24 juillet

Le Parlement adresse des remontrances au roi. Il blâme les dépenses inutiles et — affirmation fort grave — déclare qu'il ne peut enregistrer un impôt dont la durée est illimitée, comme c'était le cas pour le timbre. Seuls les états généraux en ont le pouvoir.

26 juillet

Le roi répond au Parlement en ne faisant aucune allusion aux états généraux. Il annonce simplement aux magistrats, dont on devine le mécontentement, que l'édit sur la subvention territoriale leur sera présenté le lendemain.

30 juillet

Le Parlement renouvelle sa déclaration : seuls les états généraux peuvent voter de tels impôts. Cette affirmation provoque un grand émoi dans Paris : le roi aurait voulu sévir mais la reine et Brienne le lui déconseillent.

6 août

Louis XVI se contente finalement d'un lit de justice à Versailles où il fait enregistrer les deux impôts.

7 août

Les parlementaires, après avoir déclaré que l'enregistrement était illégal, sont applaudis par la foule massée dans les salles et les escaliers.

9 août

Par deux édits Brienne annonce toute une série d'économies concernant les dépenses de la cour. Dans la seule maison de la reine, cent soixante-treize charges sont supprimées. On pousse les économies jusqu'à la suppression de la franchise postale pour la reine et les frères du roi. Ces économies, gouttes d'eau par rapport au déficit, dressent contre Brienne tous les courtisans.

10 août

Le Parlement décide une information criminelle sur les « déprédations » commises par Calonne.

13 août

Au cours d'une séance au Parlement, Brienne fait appel au patriotisme des parlementaires et leur rappelle les difficultés actuelles de la politique étrangère. Mais le conseiller d'Espréménil traite ces craintes de chimères. A la tête d'une bande d'écervelés, dont fait partie Philippe d'Orléans, il crie de sa voix de châtré qu'il faut « débourbonailler la France ». Par plus de quatre-vingts voix contre quarante les édits sont refusés. A la sortie, la foule accueille les parlementaires avec enthousiasme : « Vivent les pères du peuple! Point d'impôts! »

14 août

Le Conseil casse l'arrêt d'accusation contre Calonne, mais celui-ci préfère se réfugier en Angleterre. En ce jour, veille de l'Assomption, chaque membre du Parlement reçoit une lettre de cachet : ils sont exilés à Troyes.

15-17 août

Aussitôt Paris s'agite : on arrête les carrosses, on se promène en cortège, on brûle Loménie de Brienne en effigie. Paris fait des exercices avant le grand combat! La capitale n'ignore point que, depuis la mort de Vergennes, la reine a une part active dans le gouvernement et dans l'exil des *pères de la patrie.* Si la police n'était intervenue, on l'aurait brûlée en effigie, elle aussi! Et le lieutenant de police conseille à Marie-Antoinette de ne plus se montrer à Paris.

27 août

La Chambre des comptes et la Chambre des aides se déclarent en faveur du Parlement. De même dans tout le royaume, les parlements provinciaux, bailliages et autres corps, demandent au roi « le rappel » des exilés qui, à Troyes, décident qu'ils continueront à prier le roi de réunir des états généraux. Ils auraient cependant souhaité, bien sûr, la convocation de députés pour une seule session. Des états périodiques, comme La Fayette les souhaitait, auraient fait disparaître le rôle auquel ils tenaient tant.

début de septembre

Assez rapidement, les parlementaires s'ennuient à Troyes. Brienne, de son côté, ne songe qu'à négocier pour conjurer la crise financière. Il s'installe aux environs de la ville, en son château de Brienne, et commence les pourparlers avec les magistrats récalcitrants.

La grande procession de Lille, *par François Watteau. Cette procession trouve son origine dans aux membres de ces corporations. Elle sera supprimée en 1793. Il semble que le peintre ait exécuté*

13 septembre

Montmorin veut proposer sa médiation entre Amsterdam et Berlin, mais, avant même qu'elle ait pu aboutir, l'armée prussienne pénètre dans les Provinces-Unies. Personne n'aide les patriotes et le stathouder est rétabli dans toute son autorité. Pour Versailles, c'est assurément là un affront, et Joseph II s'exclame : « La France vient de tomber, je doute qu'elle se relève. »

19 septembre

Les pourparlers avec le Parlement aboutissent à un compromis : le roi retire ses deux édits fiscaux, tandis que le Parlement enregistre un édit rétablissant les deux vingtièmes. Cependant, pour Brienne, cette décision ne permettra jamais de compenser financièrement le montant des deux impôts abandonnés.

Le retour du Parlement à Paris est triomphal. Pendant trois nuits, les clercs de la basoche tirent des feux d'artifice et illuminent la place Dauphine. On brûle en effigie Calonne, Breteuil et la duchesse de Polignac. On promène un mannequin représentant la reine. Le Parlement, soutenu par ces manifestations, fier d'avoir été rappelé, est prêt à recommencer la lutte.

1er octobre

Brienne diminue les pensions des courtisans proportionnellement à

le culte consacré à Notre-Dame de la Treille. Plus tard, elle donne lieu à des manifestations de corporations et, au XVIIe siècle, réunit le Clergé ce tableau à la veille de la Révolution (musée de Lille).

leur montant. Mais cette économie ne doit rapporter de l'argent que l'année suivante. Aussi, pour parer à l'immédiat, Brienne emprunte-t-il douze millions sous prétexte de construire des hôpitaux. L'emprunt se heurte à l'opposition immédiate des magistrats. Le Parlement étant en vacances, c'est la Chambre des vacations qui interdit au trésorier de la ville de payer cette somme. Une telle réaction permet à Brienne de s'imaginer celle du Parlement devant les emprunts beaucoup plus importants que le gouvernement aux abois a l'intention d'effectuer. Il ne lui reste que deux solutions : la banqueroute ou encore un coup de force contre la magistrature. De nombreux ministres poussent le roi à agir vigoureusement, mais finalement, avec sa faiblesse accoutumée, Louis XVI préfère la conciliation. Une grande partie des magistrats se trouve également disposée à temporiser, car ils craignent une dissolution « à la Maupeou ». Brienne s'assure donc leur appui et achète celui de quelques autres parlementaires. On se met d'accord sur un compromis : le Parlement votera une série d'emprunts échelonnés sur deux ou trois ans et le roi s'engage à réunir à ce terme les états généraux.

9 octobre

Brienne crée un « Conseil d'administration au département de la guerre ». Désormais le département de la guerre sera partagé entre un secrétaire d'État et ce Conseil, un conseil offrant l'avantage de présenter une certaine continuité et pouvant donc plus facilement s'opposer aux habituelles faveurs versaillaises. Cette décision aurait, assurément, pu être une amélioration, mais le conseil ne comprend aucun maréchal, seuls en font partie de trop jeunes officiers et on traite vite ce conseil de « coterie ».

19 novembre

Séance royale du Conseil. C'était quelque chose d'intermédiaire entre la séance ordinaire et le lit de justice : on prenait les avis, mais il n'y avait pas de vote final. Formule archaïque qu'il n'était pas très habile de reprendre précisément à ce moment-là. Louis XVI se rend au Parlement réuni dans la grand-chambre du Palais de justice afin de faire enregistrer l'édit l'autorisant à émettre quatre cent vingt millions d'emprunts successifs. Après une longue discussion, le ton monte. Un vieux conseiller janséniste ose comparer la royauté à un fils de famille « qui se ruinerait chez un usurier ». Et il ajoute : « Les besoins de l'État vous forceront, Sire, à assembler les états généraux d'ici à 1789... Oui, ils vous y forceront! » D'Espréménil qui, avant la séance, a glapi : « Je saurai museler le lion », s'agite en sa robe et prend la parole afin de soutenir son collègue. « D'un mot, précise-t-il, Sire, vous allez combler tous les vœux. Un enthousiasme universel va passer en un clin d'œil dans la capitale, et de la capitale dans tout le royaume... Je lis dans les regards de Votre Majesté. Cette intention est dans son cœur, cette parole est sur ses lèvres; prononcez-la, Sire; accordez-la à l'amour de tous les Français. » Selon les contemporains, Louis XVI se montre « attendri » mais ne répond pas.

On en revient au fameux édit. Poussé par Lamoignon le roi se lève et déclare aussi fermement qu'il lui est possible : « J'ordonne que l'édit soit transcrit sur les registres de mon Parlement pour être exécuté suivant sa forme et teneur. » Louis XVI, afin de ménager la susceptibilité des magistrats, a omis d'ajouter « *de mon exprès commandement* », formule devant obligatoirement accompagner les lits de justice. C'est donc, aujourd'hui, un lit où la justice ne dort qu'à moitié... et pendant lequel il n'est pas défendu d'exprimer son avis. Le tumulte monte. Dans le brouhaha on entend pour la première fois les mots nouveaux de *pouvoir arbitraire* et de *despotisme*. Des mots qui feront leur chemin!... Le vacarme augmente, puis soudain il s'apaise. Le jeune duc d'Orléans — duc de Chartres avant la mort de son père — s'est levé. Le chef de la branche cadette se dresse, pour la première fois, devant la branche aînée. On l'entend dire calmement : « Si le roi tient une séance au Parlement, les voix doivent être recueillies et comptées; s'il s'agit d'un lit de justice, il nous impose silence. » Puis il ajoute : « Cet enregistrement est illégal. » Cela ne nous paraît pas méchant, mais au XVIIIe siècle c'était là une « insolence » qui fait balbutier le roi : « Si, c'est légal! C'est légal parce que je le veux! » Tandis que le futur Philippe-Égalité est acclamé, le roi rentre à Versailles.

Marie-Antoinette a une lourde part dans les mesures qui vont être prises, mesures qui s'achèveront par la quasi-suppression des Parlements. Il semble, en effet, que, jusqu'au retour de Necker, peu de choses se fassent sans son accord. D'ailleurs, après l'arrestation de deux meneurs, d'Espréménil et Monsabert, après l'envoi du duc d'Orléans en son château de Villers-Cotterêts, les magistrats, on le verra, écriront au roi l'assurant que « de tels moyens ne sont pas dans son cœur, de tels exemples ne sont pas dans ses principes : *ils viennent d'une autre source* ».

On ne pouvait plus clairement désigner la reine.

8 décembre

Le Parlement de Paris envoie au roi une supplication qui commence en ces termes : « Sire, la douleur publique a précédé votre Parlement au pied du trône. Un prince de votre sang est exilé. On cherche vainement quel est le tort de cet auguste prince. En serait-ce un d'avoir dit la vérité dans la séance de Votre Majesté? de l'avoir dite avec une franchise respectueuse digne de vous plaire? Si M. le duc d'Orléans est coupable, nous le sommes tous... Cette déclaration n'a fait qu'énoncer nos sentiments; sa conscience a deviné la nôtre. Si l'exil est le prix de la fidélité des princes de votre sang, nous pouvons nous demander à nous-mêmes avec effroi, avec douleur, ce que vont devenir les lois, les libertés publiques... »

« La liberté publique » entrait ainsi en lice... Au nom de cette même liberté, cinq ans plus tard, plusieurs de ces parlementaires monteront d'ailleurs à l'échafaud. L'opposition devient contagieuse. Tous les Parlements prennent la défense du duc d'Orléans et s'agitent furieusement. Le Parlement de Rennes déclare : « Les abus tolérés et l'oubli des règles amènent le mépris des lois et le mépris des lois prépare la chute des empires. » Le dernier, celui de Toulouse, « vient joindre sa voix à celle de toute la magistrature » et fait intervenir la nation dans le débat : « Une nation consternée, ignorant quel est le crime du premier prince du sang. »

24 décembre

Castries est remplacé à la Marine par La Luzerne, un savant naturaliste.

1788, 4 janvier

Le Parlement vote un réquisitoire contre les lettres de cachet.

29 janvier

Pour ne pas braver l'opinion publique, le Parlement enregistre un

La séance extraordinaire tenue par Louis XVI le 19 novembre 1787. Gravure de Niquet d'après un dessin de Meunier et Girardet. La séance se déroule dans la plus belle salle du Palais de Justice, la Chambre dorée — incendiée pendant la Commune — dont le plafond azur était orné de magnifiques pendentifs. Le roi est assis au fond à gauche, dans l'un des angles de la salle. A sa

droite, se trouvent placés les ducs et pairs, qui ne siégeaient qu'en présence du roi ou quand il s'agissait d'affaires publiques. Au cours de la séance représentée ici, le roi vient faire enregistrer l'édit portant création d'un emprunt réparti sur cinq ans. C'est alors que son cousin, Philippe d'Orléans — le futur Philippe-Égalité — que l'on voit assis à la droite du roi, ose soutenir qu'un tel emprunt est « illégal ».

édit préparé par Malesherbes en novembre 1787, en faveur des non-catholiques : ceux-ci retrouvent leurs droits civils : mariages, décès, naissances seront enregistrés légalement (toutefois les enterrements devaient être discrets). Ils pouvaient exercer tous les métiers. Seuls leur demeuraient interdits le libre exercice du culte et l'accès aux charges. C'était assurément là une victoire pour l'idée de tolérance.

février

Joseph II déclare la guerre au sultan. Montmorin ne peut rien faire d'autre que de demander aux Turcs la résignation. A la demande de l'Autriche, il rappelle tous les Français qui étaient au service de la Turquie. L'Autriche et la Russie auraient d'ailleurs été prêtes à faire entrer la France dans leur alliance, mais Montmorin n'en tient pas moins à demeurer neutre. Il entame des négociations avec Vienne en vue de la conclusion d'un accord possible. En Russie, Ségur est d'ailleurs de plus en plus choyé par l'impératrice et il ne défend les Turcs que véritablement par acquit de conscience.

19 mars

On crée pour la Marine ce qui existait déjà pour la Guerre : un Conseil qui s'occuperait avant toutes choses des questions législatives.

13 avril

Le Parlement de Paris fait lecture au roi de ses remontrances en ce qui concerne la fameuse séance royale du 19 novembre et remet en question la légalité de l'enregistrement.

15 avril

Le même jour, deux traités d'alliance défensive sont signés. L'un, à La Haye, entre les Anglais et les Hollandais; l'autre, à Berlin, entre les Prussiens et les Hollandais. L'équilibre de l'Europe s'en trouve changé.

16 avril

Le duc d'Orléans est autorisé à regagner Paris.

29 avril

Le Parlement décide qu'il ne pourra y avoir aucune augmentation dans la perception des vingtièmes et propose — et c'était là une grande hardiesse — que le pouvoir soit partagé entre le roi, le Parlement et des états généraux. Brienne prépare alors une manière de coup d'État et rédige des édits « à la Maupeou » : des sentinelles sont placées tout autour de l'imprimerie où l'on compose et tire les textes, afin de garder le secret.

1er mai

Abolition de la question préalable, c'est-à-dire de la torture infligée à un condamné à mort, avant son exécution, pour lui faire avouer le nom de ses complices. Cette abolition n'est encore qu' « à l'essai », elle sera rendue définitive le 9 octobre 1789.

début de mai

Réunion de l'assemblée du clergé.

3 mai

Par une indiscrétion, d'Espréménil a été mis au courant des intentions de Brienne et dénonce le coup d'État.

Le Parlement proclame alors les lois fondamentales de la monarchie française, parmi lesquelles se trouve la convocation régulière des états généraux, et se déclare le gardien de ces lois. C'est la négation du pouvoir absolu. Cette proclamation est en quelque sorte une déclaration des droits. Les parlementaires ont pris dans l'histoire ce qu'ils ont voulu ou pu prendre. Le résultat se présente comme un mélange de prétentions parlementaires et de véritables lois fondamentales du royaume.

nuit du 4 au 5 mai

Le roi casse l'arrêt du Parlement et donne l'ordre d'emprisonner les deux « meneurs » : d'Espréménil et Goislard de Montsabert. Ceux-ci réussirent à échapper aux policiers venus les arrêter et se réfugient dans l'enceinte même du Parlement.

5 et 6 mai

Le Parlement se réunit dès le matin et déclare que les deux conseillers sont sous sa protection. De plus, il accuse le gouvernement de violer la liberté des citoyens et rédige une protestation dans ce sens. Les magistrats font porter ce texte incendiaire à Versailles et

L'arrestation des conseillers Duval d'Espréménil et Goislard de Montsabert, le 6 mai 1788. Cette gravure de Niquet d'après un dessin de Veny et Girardet montre les deux conseillers montant dans la voiture qui va les emmener, l'un à l'île Sainte-Marguerite, l'autre à la prison de Pierre-Encise à Lyon. La garde, on le voit, réprime avec énergie la plus petite tentative d'approche de la foule massée pour assister à l'événement.

décident de demeurer en séance jusqu'au retour des délégués. Une séance baptisée « des trente heures », soit du 5 au 6 mai. La députation reviendra à trois heures du matin, le 6 mai, sans avoir été reçue par le roi. Depuis minuit, le marquis d'Agoust, à la tête de gardes françaises et de sapeurs armés de haches, a investi la Grand-Chambre. Le procureur général a refusé de lui livrer d'Espréménil et Montsabert. C'est seulement à onze heures du matin que les deux conseillers acceptent d'obéir à l'ordre du roi. Le premier est enfermé à Sainte-Marguerite et le second à Pierre-Encise de Lyon.

8 mai

Lit de justice à Versailles. Le roi veut y présenter six édits de réforme judiciaire et politique, édits qui, pour la plupart, sont de Lamoignon. Il s'agit là d'un dernier essai de despotisme éclairé. Sans doute, pour des raisons financières, le ministre n'ose supprimer la vénalité des charges et les « épices » — présent en nature du plaideur au juge — mais le nombre des offices au Parlement serait réduit. En revanche, on créerait quarante-sept tribunaux d'appel, nommés « grands bailliages » qui jugeraient les causes civiles dont le litige serait inférieur à vingt mille livres (le Parlement jugeait les causes plus importantes, mais moins nombreuses). L'édit, s'il était appliqué, serait donc pour les magistrats une suppression de revenus. Pour les causes criminelles, ces grands bailliages ne jugeraient ni les clercs ni les gentilshommes. L'opinion fut révoltée de cette distinction et l'on constata bien haut que la tête d'un roturier ne valait donc pas vingt mille livres.

Ensuite venait une très remarquable réforme de la procédure criminelle : la suppression de l'interrogatoire sur la sellette et de la terrible et cruelle question préalable. La « Cour plénière », ancienne *curia regis*, était rétablie. Elle serait présidée par le roi et chargée d'enregistrer « les lois communes à tout le royaume ». C'était là enlever au Parlement le contrôle législatif et fiscal. Le dernier édit décidait que, pour éviter une trop grande confusion, le Parlement de Paris serait « mis en vacances » jusqu'à l'établissement de cette réforme judiciaire.

Il s'agissait assurément là d'une réforme importante, mais elle venait trop tard. Peut-être aurait-elle pu réussir si elle avait été annoncée avant l'exil du Parlement à Troyes, mais cette fois il fallait s'y attendre, devant ces édits la réaction du Parlement est très violente. Toute une campagne de cabales et de pamphlets est lancée afin de provoquer des soulèvements populaires. Bien plus, les Parlements inspirent et organisent l'agitation dans toutes les provinces, faisant circuler de faux bruits pour inquiéter les paysans. Plus officiellement, les présidents de la Cour des aides et de la Chambre des comptes protestent. Les juges qui acceptent de siéger dans les nouveaux tribunaux seront accablés d'avanies.

Quant aux privilégiés, ils se rangent du côté des parlementaires, soit en raison d'alliances familiales, soit parce qu'ils croient la magistrature capable de créer une monarchie à l'anglaise où la noblesse aurait une grande part. L'orage gronde et monte. Sur les murs du Palais on grave un jour ces mots : « *Parlement à vendre, ministres à pendre, couronne à louer.* » Et au frontispice de la loge de la reine, au théâtre des Italiens, on place cet écriteau : « *Tremblez, tyrans, votre règne va finir.* » Ainsi que l'a écrit Soboul en résumant la situation : « Empêcher l'installation des nouveaux tribunaux, faire la grève de la justice, déchaîner le désordre, demander la réunion des états généraux, tels furent les mots d'ordre. Parlements et états provinciaux, créés par Brienne, organisèrent la résistance avec leur nombreuse clientèle d'hommes de loi... Les manifestations se succédèrent. La noblesse d'épée suivit, puis la noblesse d'Église. »

10 mai

Tandis qu'à Toulouse on fait fuir à coups de bâton les juges du grand bailliage, en Bretagne l'opposition devient une véritable émeute. L'intendant et le commandant militaire Thiard sont opposés aux édits et pourtant ils doivent aller présenter les textes royaux au Parlement. La foule se montre si menaçante qu'ils peuvent à peine pénétrer dans la salle. Lorsqu'ils en sortent, les édits déposés bien malgré eux, ils sont attaqués à coups de pierres et blessés.

Les jours suivants des rixes entre soldats et habitants se déchaînent, tandis que les conciliabules se multiplient.

10 mai

En Dauphiné comme en Bretagne, l'opposition menée par la bourgeoisie devient franchement menaçante. Les parlementaires de Grenoble, devenus les vrais seigneurs du pays, ont sous leurs ordres toute une « clientèle », peut-être même achètent-ils l'appui de certains vagabonds venus à la ville à cause de la crise agricole.

Le commandant de la province, Clermont-Tonnerre, fait enregistrer les édits, puis ferme le palais du Parlement.

20 mai

Les parlementaires de Grenoble protestent violemment contre l'enregistrement forcé du 10 mai et déclarent que si le gouvernement maintient ces édits le Dauphiné se regardera comme entièrement dégagé de sa fidélité envers son souverain.

7 juin

C'est la « journée des Tuiles ». Les magistrats de Grenoble, coupables des remontrances du 20 mai, sont touchés par des ordres d'exil, mais le corps municipal sonne le tocsin et organise un soulèvement : une foule très nombreuse se rassemble alors devant l'hôtel du lieutenant général, le vieux duc de Clermont-Tonnerre, qui organise sa défense avec une partie de sa garde aidée par le régiment de Royal-Marine. Les soldats sont criblés de projectiles divers et particulièrement de tuiles lancées des toits voisins. Comme la troupe a reçu l'ordre de ne pas tirer, la foule réussit à briser les portes de l'hôtel et oblige Clermont-Tonnerre à livrer les clés du palais de Justice : les magistrats s'y rendent alors, à travers des rues jonchées de fleurs. Cependant, les parlementaires doivent finalement se résoudre à quitter Grenoble. L'agitation va redoubler et les états de la province seront convoqués pour le 21 juillet.

Voyant se manifester une telle opposition, Brienne n'ose pas demander des subsides à la Cour plénière, il se tourne vers l'assemblée du clergé réunie depuis le début du mois, espérant que celle-ci se montrera prête à aider le gouvernement, afin d'éviter une réunion des états généraux.

L'émeute qui, sous l'appellation imagée de « journée des Tuiles », soulevait la ville de Grenoble le 7 juin 1788 est illustrée par cette gravure anonyme. Sur les murs de l'hôtel de ville ont été collés des écriteaux portant « Vive le Parlement » et « A bas

15 juin

L'assemblée du clergé refuse à Brienne l'aide financière qu'il avait demandée et présente au roi des « remontrances » dans lesquelles elle demande la convocation des états généraux. En Béarn, comme en Dauphiné et en Bretagne, ont éclaté de véritables émeutes : aussi, le gouvernement, au cours d'une séance qui se prolonge durant plus de six heures, force-t-il le Parlement de Pau à enregistrer les édits du 8 mai et à rétablir le vingtième. La séance terminée, les parlementaires protestent contre le pouvoir arbitraire et persuadent les habitants qu'on est en train d'attenter à leurs libertés.

19 juin

Des bandes de montagnards envahissent Pau, s'emparent des canons

Brienne ». Du haut des toits, des projectiles — et plus particulièrement des tuiles — sont jetés sur la troupe. Dans la rue, la foule dépave la chaussée pour élever des barricades et bombarder de pierres les soldats qui commencent à reculer.

et forcent le Parlement à se réunir. Le syndic des états vient présenter aux conseillers un arrêté signé par la noblesse du Béarn, déclarant parjures tous ceux qui siégeraient dans les nouveaux tribunaux.

Le texte demandait encore au roi de maintenir les privilèges accordés jusqu'à présent au Béarn. La terre d'Henri IV se trouvait désignée comme un pays étranger à la France, quoique soumis au même roi. Pour calmer les esprits, le gouvernement envoie le duc de Guiche, fort populaire dans la région, mais il doit regagner Versailles sans avoir rien pu obtenir.

5 juillet

Un arrêt du Conseil est publié annonçant la convocation prochaine des états généraux, mais sans préciser de date, et autorisant toutes publications de suggestions concernant cette réunion : c'était une sorte de liberté de presse accordée par Brienne.

Les écrits et les projets vont foisonner; quelques-uns sont restés célèbres, tel celui de l'abbé Sieyès, intitulé « *Qu'est-ce que le tiers état? Rien! Qu'espère-t-il devenir? Quelque chose!* ».

13 juillet

La grêle qui ravage tout l'ouest de la France cause des dégâts considérables. La récolte diminue d'un quart et même davantage, et le grain récolté sera, de surcroît, de mauvaise qualité.

21 juillet

En Dauphiné, le gouvernement a remplacé le duc de Clermont-Tonnerre par le maréchal de Vaux, beaucoup plus énergique. Il obtient que l'assemblée des états ait lieu hors de Grenoble. Elle se tiendra au château de Vizille, sous la présidence du comte de Morges, et sera une sorte de préfiguration des états généraux de 1789. Mais l'assemblée ne se voulait pas seulement régionale : elle semblait vouloir être le porte-parole de toute la France en déclarant : « Les trois ordres du Dauphiné ne sépareront jamais leur cause de celles des autres provinces, et, en soutenant leurs droits particuliers, ils n'abandonneront pas ceux de la nation. »

L'assemblée, où Monnier et Barnave font figure de meneurs, demande pour les états du Dauphiné, la double représentation du Tiers et le vote par tête. C'est ce qu'on allait bientôt demander pour les états généraux. Prônant l'unité nationale et la création d'un ordre nouveau, elle exigeait la réunion des états généraux et le vote des impôts par ceux-ci, renonçant déjà à ce privilège pour le Dauphiné. Ainsi que l'a écrit Soboul : « L'ancien régime social et politique chancelait sur ses bases. »

Certes, dans toute la France, on parle beaucoup de la fameuse assemblée de Vizille, on l'admire mais on ne l'imite pas. L'opposition prépondérante demeurait encore celle de la noblesse et notamment celle des grands seigneurs tels que La Fayette ou des ducs de Luynes et de La Rochefoucault ralliés aux idées nouvelles et qui, détestant l'arbitraire et l'inégalité sous toutes ses formes, pensaient de même que les philosophes ou les avocats tels que Target, Danton et Bergasse, les magistrats tels Hérault de Séchelles et Fréteau, les publicistes tels Brissot et Servan, les nobles tel Mirabeau. Appelés les nationaux, ils prennent la parole aux tribunes des clubs, écrivent dans la presse, publient des brochures et, partout, réclament la prompte réunion des états qui mettraient au point une constitution, aboliraient les abus et privilèges et établiraient la liberté et de l'ordre dans les finances.

Face à ce grand et exaltant mouvement des idées, les intendants sont d'autant plus inertes que les assemblées provinciales leur ont enlevé une partie de leur rôle et de leurs fonctions. De ce fait, le gouvernement se trouve incapable d'imposer ses volontés. La vie civique, l'exercice de la justice, les affaires se ralentissent, les impôts rentrent toujours difficilement et l'armée est de moins en moins sûre. Les soldats sympathisent avec les émeutes populaires. Beaucoup de bas-officiers démissionnent, tandis que les officiers, fort montés contre la noblesse de cour qui accapare tous les hauts grades, le plus souvent sans en remplir les fonctions, sont aigris et prêts à suivre ceux qui leur feront des promesses et les tiendront.

Le roi n'a plus de prestige : il est triste et on le voit même pleurer. La reine est de plus en plus haïe. Quant aux ministres, ils sont bien trop occupés à se maintenir par l'intrigue pour établir un quelconque accord entre eux.

8 août

Par un édit, Brienne suspend la Cour plénière, dont on est bien obligé de reconnaître l'inutilité, et convoque les états généraux pour le 1er mai 1789. La royauté — faute irrémédiable pour le régime — se déclare donc impuissante : elle appelle la nation à l'aide et déclenche la mise en route de la redoutable machine qui va tout broyer sur son passage.

La parole va être donnée à Moloch.

DE FOY

LA NATION A LA PAROLE

La motion de Camille Desmoulins au Palais-Royal, le 12 juillet 1789. Gravure de Berthaut. C'est dans la matinée du dimanche matin 12 que Paris apprend le renvoi de Necker et l'arrivée des troupes royales qui se rangent en bataille aux Champs-Élysées. Assurément — on le crie — le pouvoir prépare « une Saint-Barthélemy des Patriotes ». Un peu partout dans la capitale, l'inquiétude et le mécontentement grondent. Mais c'est au Palais-Royal que l'agitation est la plus violente. Profitant du rassemblement, un jeune écrivain et avocat parisien, Camille Desmoulins, déjà célèbre par la publication de sa Philosophie du peuple français *et sa* France libre, *brandit un pistolet en s'écriant : « Du moins ils ne me prendront pas en vie et je saurai mourir glorieusement. » Il ajoute : « Mes amis, arrachons les feuilles des marronniers et formons-en une cocarde en signe de ralliement. »*

1788, 16 août

En attendant la réunion des états, le gouvernement vit d'expédients, puise dans les fonds de secours aux sinistrés, dans la Caisse des invalides, et dans les sommes destinées aux paysans victimes de la grêle !... Le 16 août, on décide que les paiements de l'État seront suspendus pour six semaines et s'effectueront moitié en espèces, moitié en billets d'État dépréciés.

C'est la banqueroute.

25 août

Personne n'a plus confiance en Brienne ni en ses promesses. On conseille donc au roi de l'abandonner et le ministre démissionne, recevant le chapeau de cardinal en guise de compensation pour la perte de son portefeuille. Brienne est sans doute regretté du roi et de la reine, mais à Paris on illumine, on promène son mannequin en lui faisant faire amende honorable, puis on le brûle, tandis que la basoche oblige les Parisiens à fermer boutique.

26 août

A la joie générale, Necker, seul successeur possible de Brienne, est nommé directeur général des Finances. Sans en avoir le titre, il devient le ministre principal et espère pouvoir gouverner grâce à son immense popularité. « Voici bien des années que je n'ai pas eu un instant de bonheur », lui dit le roi en l'accueillant. Et Necker de répondre : « Encore un peu de

Le Palais de Justice de Paris, peint par P.-A. Demachy.

temps, Sire, et vous ne me parlerez plus ainsi; tout se terminera bien. »

Mirabeau ironise et s'exclame : « Voici enfin M. Necker roi de France. » Ce même jour, la reine, qui a accueilli de fort bonne grâce le nouveau ministre, écrit à Mercy-Argenteau : « Je tremble de ce que c'est moi qui le fais revenir. Mon sort est de porter malheur, et si des machinations infernales le font encore manquer ou qu'il fasse reculer l'autorité du roi, on m'en détestera davantage. »

27-28 août

Bien que l'on espère l'impossible miracle, l'agitation parisienne due à la banqueroute et au départ de Brienne ne s'en poursuit pas moins. Des heurts sanglants entre les émeutiers et les gardes françaises et suisses se répètent. On pille, on incendie, on tue devant le guet et la police impuissante. L'émeute passée, on ramasse les corps des victimes pour les soigner ou les enterrer. Ce sont la plupart non des ouvriers des faubourgs, mais des maîtres artisans, boutiquiers, compagnons apprentis, bref, les futurs acteurs des grandes journées révolutionnaires et les sans-culottes, de l'An II.

31 août

Le maréchal de Biron permet aux gardes de rendre coup pour coup : en vingt-quatre heures, le calme est rétabli.

fin août

Le trésor est presque vide. Les gens défilent aux guichets des banques et on ne sait comment les rembourser. Necker prête au roi deux millions sur sa fortune personnelle et heureusement trouve quelques autres millions à emprunter, ce qui permettra d'attendre les états généraux. La confiance revient. Mais Necker, dans l'état actuel des choses, ne peut être qu'un temporisateur, alors qu'il aurait fallu entreprendre de grandes réformes.

3 septembre

Necker n'aime guère les Parlements, mais il préfère trouver un compromis, aussi à une séance du Conseil fait-il repousser le maintien intégral des édits du 8 mai. On se contente de les modifier quelque peu. Le nombre des grands bailliages est diminué, tandis que les Parlements auront encore le droit d'enregistrer les édits jusqu'aux états généraux. Le roi annoncerait ces modifications dans un lit de justice. Mais les parlementaires continuent à refuser les édits même modifiés. Et le gouvernement cède. L'Histoire enregistre une nouvelle défaite royale : Lamoignon est sacrifié : moyennant de très intéressantes compensations, il abandonne les Sceaux qui sont remis à Barentin, célèbre pour sa bêtise.

Les magistrats exilés ou emprisonnés à cause des édits de mai sont amnistiés et le projet d'un lit de justice est abandonné.

du 16 au 28 septembre

Lamoignon avait une réputation d'autorité qui contenait quelque peu les émeutes. Après son départ, elles redoublent de violence. Autour de la basoche, se groupent cette fois des mendiants, des sans-travail, des gens sans aveu, qui brûlent en effigie le garde des Sceaux.

Le guet, attaqué à coups de pierres, se défend contre les émeutiers à coups de sabre.

23 septembre

Nouvelle et très grave capitulation de la monarchie. Sous l'influence de Necker, Louis XVI lance une déclaration rétablissant les Parlements dans toutes leurs prérogatives. C'est là pour Necker une manœuvre politique « attentiste ». Il croit, en effet, que les états généraux pourront résoudre tous les problèmes, en votant de nouveaux impôts et des emprunts, ce qui fait dire à Camille Desmoulins : « Bienheureux Déficit, tu es devenu le Trésor de la Nation! »

24 septembre

Le jour de leur rentrée, les parlementaires émettent le vœu que les états soient assemblés suivant la forme ancienne, c'est-à-dire : un même nombre de députés pour chacun des trois ordres.

C'est là une grosse déception pour tous les « rationalistes » qui espéraient une assemblée nouvelle et la popularité des « pères du peuple », déjà compromise par les derniers événements, tombe d'un seul coup.

Le Parlement menace tout émeutier de poursuites criminelles. Mais, pour ménager sa popularité, il ordonne également une enquête sur les excès de la police.

fin septembre

L'automne est pluvieux : les semailles et la récolte de 1789 sont compromises. Dans l'ensemble d'ailleurs, toute l'année 1788 a été très humide.

octobre

Les cloches sonnent, les canons tonnent dans toute la France : les Parlements de province font leur rentrée triomphale « sous une pluie de fleurs ».

6 novembre

A Versailles s'ouvre la seconde assemblée des notables. Déception pour Necker, mais contentement de l'opinion publique : les représentants versaillais refusent la double représentation du Tiers et demandent le droit de vote pour les laquais et les domestiques — c'est là une façon d'opposer aux classes dites éclairées une masse qui leur obéirait avec passivité.

4 décembre

Necker « jette du lest » : le comte de Brienne est remplacé à la Guerre par Puységur.

décembre

Le gouvernement, de plus en plus acculé, se trouve dans l'obligation de faire de grandes économies et le comte de La Luzerne lui présente de très grosses réductions sur le budget de la Marine.

5 décembre

A la demande de d'Espréménil, le Parlement de Paris demande au roi l'égalité devant l'impôt, la périodicité des états et condescend à laisser le pouvoir royal libre de décider de la représentation du tiers état. Le roi reçoit très mal cette demande. Les privilégiés se croient trahis, les nationaux rient de cette déclaration, si bien que le Parlement revient à sa position de réaction. Les magistrats interdisent les pétitions du Tiers, mais les patriotes brûlent sans vergogne les arrêts du Parlement, dont le rôle semble bien terminé.

10 décembre

Les états du Dauphiné se réunissent à Romans, à vingt lieues de Grenoble où règne encore une certaine agitation de la journée des Tuiles. En choisissant leurs députés pour les états généraux, ils se prononcent pour le doublement du Tiers, la délibération en commun et le vote par tête. Toute la France considère le vœu dauphinois comme un mot d'ordre. Dans toutes les villes circulent des pétitions pour le doublement du Tiers. L'agitation est telle qu'il se produit de nombreux inci-

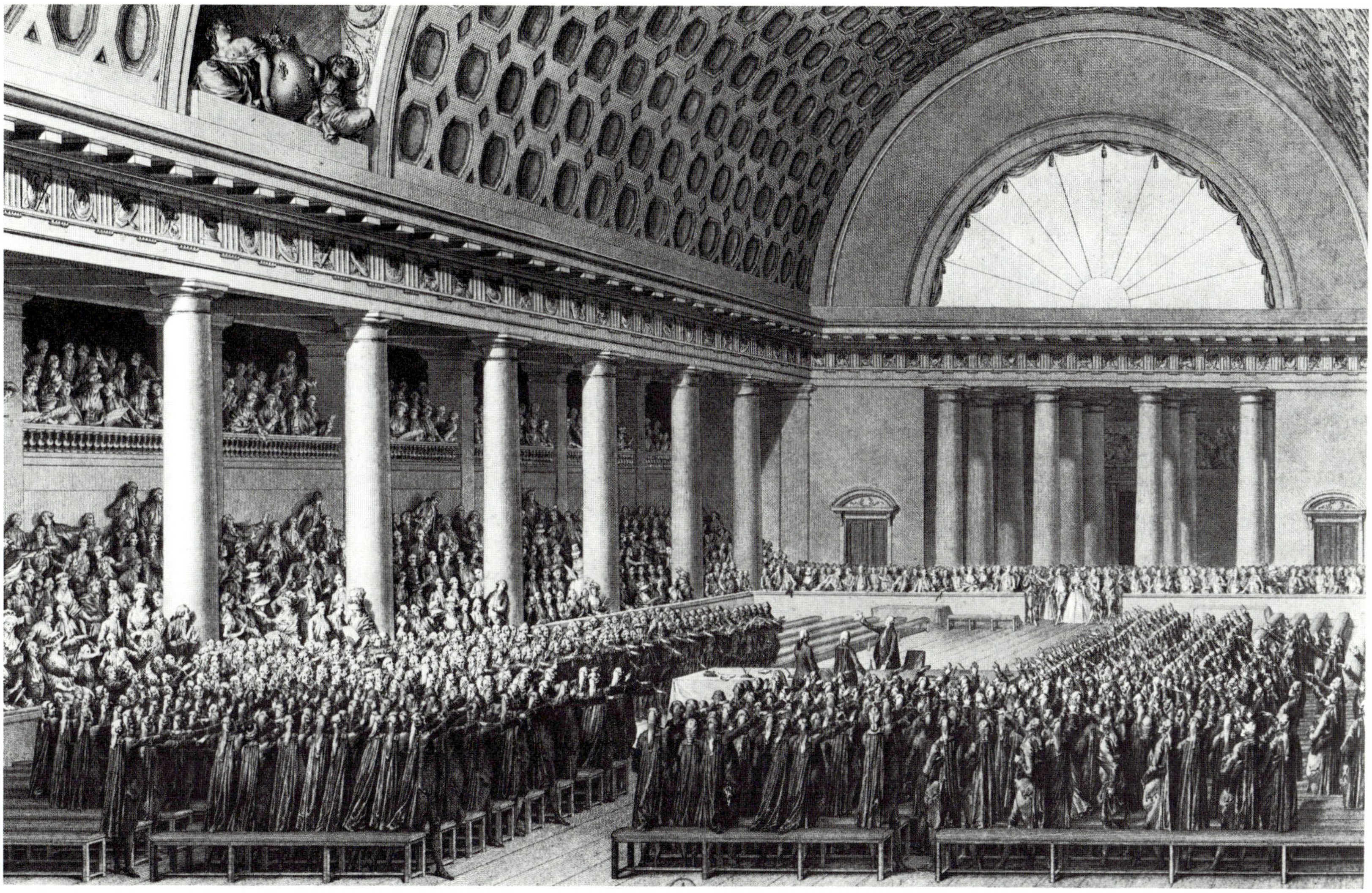

Une première fois, la menace de banqueroute qui suivit l'aide apportée par la France dans la guerre d'Amérique avait amené Calonne à convoquer, le 29 décembre 1786, l'assemblée des Notables. Celle-ci, composée de privilégiés, repoussait la proposition qui lui était faite d'un impôt égalitaire appelé subvention territoriale. A son retour, Necker doit avoir, lui aussi, recours à une nouvelle convocation. Cette seconde assemblée, qui eut lieu le 5 octobre 1788, avait pour objet de régler la composition des états généraux qui se tiendraient l'année suivante.

dents et lors de ces désordres des gentilshommes sont tués ou blessés par des étudiants.

12 décembre

Journée de clôture de l'assemblée des notables. Représentant les privilégiés, le comte d'Artois, le prince de Condé et le duc de Bourbon remettent au roi un mémoire, véritable manifeste aristocratique, lui demandant de défendre les droits des deux premiers ordres : « ... L'État est en péril... une révolution se prépare dans les principes du gouvernement... bientôt les droits de la propriété seront attaqués... déjà on a proposé la suppression des droits féodaux... Votre Majesté pourrait-elle... sacrifier, humilier sa brave, antique et respectable noblesse ? » Le texte se terminait même sur un ton de menace dans le cas où l'on toucherait à ces droits. La déclaration, on s'en doute, fait haïr les princes du sang, et a comme conséquence immédiate de faire baisser la Bourse.

fin 1788

L'année s'achève par de nombreux troubles en Bretagne, dans les ports et les grands marchés à grain.

27 décembre

Journée du fameux « résultat du Conseil ». Après une semaine de débats sur la question du doublement du nombre des députés du Tiers, le Conseil se réunit en présence du roi et de la reine. De nombreux conseillers, le garde des Sceaux, le secrétaire d'État de la Maison du roi se prononcent contre le doublement. Cependant, Necker réussit à convaincre Louis XVI en présentant ce doublement comme un acte de justice : « On ne peut contester que la variété de connaissances appartient surtout à l'ordre du tiers état, puisqu'il est une multitude d'affaires publiques dont lui seul a l'instruction, telles que les transactions du commerce intérieur et extérieur, l'état des manufactures, les moyens les plus propres à les encourager, le crédit public, l'intérêt et la circulation de l'argent, l'abus des perceptions, celui des privilèges, et tant d'autres parties dont lui seul a l'expérience... Le vœu du tiers état, quand il est unanime, quand il est conforme aux principes d'équité, s'appellera toujours le vœu national; le temps le consacrera, le jugement de l'Europe l'encouragera, et le souverain ne peut que régler dans sa justice ou devancer dans sa sagesse ce que les circonstances et les opinions doivent amener d'elles-mêmes. » Le Conseil se prononce donc pour le doublement du Tiers mais ne parle pas du vote par tête sans lequel le doublement du Tiers devenait inutile. Necker laisse aux états eux-mêmes le soin de trancher sur ce point.

1789

1789, 1er janvier

Paris apprend que le Tiers aura autant de députés que les deux autres Ordres réunis; les maisons s'illuminent. D'innombrables témoignages de reconnaissance parviennent jusqu'au roi baptisé père du peuple, « restaurateur de la liberté française », tandis que Necker est comparé à Sully et à Colbert. Ce qui n'empêche pas ce dernier de soupirer : « Que voulez-vous faire, quand il n'y a plus d'obéissance nulle part? Nous ne sommes pas même sûrs des troupes. »

Le dernier jour de l'an de Versailles se déroule avec le cérémonial immuable depuis le Roi-Soleil. Il n'a jamais fait aussi froid! Toutes les fenêtres sont couvertes d'une épaisse couche de glace. Le bois fume, mais ne brûle pas! Impossible de trouver dans le château une bûche qui ne soit pas humide.

L'hiver est, en effet, particulièrement terrible.

Les rivières et les moulins sont bloqués, la Seine est gelée jusqu'au Havre et la période de la « soudure » en sera d'autant plus difficile. La misère est atroce et le duc d'Orléans ouvre largement sa bourse. L'homme assurément le plus riche d'Europe n'hésite pas à payer jusqu'à mille livres de pain par jour. On le devine, sa popularité devient considérable. Le protecteur du peuple — tel est son surnom — est acclamé dès qu'on aperçoit son carrosse.

La générosité du premier prince du sang est naturellement considérée à Versailles comme « une charité de factieux ».

La dette publique a triplé pendant les quinze années du règne de Louis XVI. Ainsi qu'on l'a répété : le Roi Très Chrétien ne calcule pas ses dépenses sur ses recettes, mais ses recettes sur ses dépenses.

janvier

Mallet du Pan, fort bon observateur, écrit : « Le débat public a changé de face. Il ne s'agit plus que très secondairement du roi, du despotisme et de la Constitution; c'est une guerre entre le tiers état et les deux autres Ordres. »

24 janvier

Publication des *Lettres royales* réglementant la convocation des états généraux.

Pour le clergé : seront électeurs, avec les évêques, les curés qui avaient beaucoup réclamé ce droit et qui auront la majorité. Pour la noblesse : le suffrage sera direct. Enfin pour le tiers état le suffrage pourra être considéré comme presque universel, il sera à deux degrés. Seules quelques grandes villes comme Paris se verront imposer un cens électoral assez élevé et le suffrage sera établi à trois degrés. Mais en dehors de la règle générale, il y avait de nombreuses complications pour chaque région, d'où une suite d'ordres, de contrordres et d'étranges erreurs. L'État ne possède même pas une liste complète des bailliages. Ainsi que l'a raconté Lavisse : « On connaît l'histoire de la lettre royale de convocation pour le comté de Comminges, expédiée par le garde des Sceaux avec cette adresse : « *M. le lieutenant-général du bailliage de Comminges, à Comminges* », alors que, dans le comté de Comminges, il n'y avait ni lieutenant-général, ni bailliage, ni ville de Comminges. »

Lorsque les lettres de convocation arrivent dans les bailliages, les assemblées des trois ordres se constituent. Avant d'élire les députés, elles rédigent, suivant la tradition, des « cahiers de doléances ».

janvier

Partout on procède aux élections. Certains grands personnages, tels le cardinal de Rohan ou le prévôt de Paris, veulent passer au-dessus de l'élection et être nommés députés de plein droit. Le gouvernement refuse en repoussant ces prétentions et demande que les élections soient maintenues entièrement libres. Il n'y eut donc pas de candidats officiels. Dans l'ensemble, les élections se déroulent dans le calme. Cependant, on ne vote point partout avec une semblable ardeur.

A Paris, par exemple, sur cinquante mille électeurs inscrits, il n'y eut que 1 706 votants.

En Bretagne, presque tous les électeurs votent, peut-être parce que c'était là une des provinces qui souffraient le plus des abus du régime.

« La campagne électorale coïncidait avec une grave crise économique, nous explique fort bien Mathiez. Le traité de commerce signé avec l'Angleterre en 1786, en abaissant les droits de douane, avait livré passage aux marchandises anglaises. Les fabricants d'étoffe durent restreindre leur production. Le chômage atteignit à Abbeville douze mille ouvriers, à Lyon, vingt mille, ailleurs en proportion. Il fallut, au début de l'hiver qui fut très rigoureux, organiser des ateliers de charité dans les grandes villes, d'autant plus que le prix du pain augmentait sans cesse. La moisson de 1788 avait été très inférieure à la normale. La disette de fourrage avait été si grande que les cultivateurs avaient été forcés de sacrifier une partie de leur bétail et de laisser des terres incultes ou de les ensemencer sans fumier. Le pain n'était pas seulement très cher. On risquait d'en manquer. Necker eut beau interdire

A Paris, le faubourg Saint-Antoine va être le théâtre, à plusieurs reprises, de l'effervescence populaire. La plus grave manifestation est incontestablement l'affaire Réveillon, survenue le 18 avril 1789. On rapporte qu'un artisan enrichi du nom de Réveillon aurait déclaré que les ouvriers de sa manufacture étaient suffisamment payés avec quinze centimes par jour, ajoutant que le pain était trop bon pour eux. Alors éclate la révolte. Les ouvriers envahissent la manufacture, jettent par les fenêtres les meubles qu'ils incendient. Des gardes-françaises et un détachement de Royal-Cravatte sont envoyés sur place et c'est l'affrontement. Mais seul entre en action le Royal-Cravatte, sous l'œil impassible des gardes-françaises rangés au garde-à-vous, ainsi que le montre cette scène gravée par l'Épine et Niquet.

l'exportation des grains et procéder à des achats à l'étranger, la crise ne s'atténua pas. Elle s'aggrava plutôt. »

27 janvier

A Versailles, on discute d'un projet proposé par la tsarine. Il s'agit d'une quadruple alliance réunissant l'Autriche, la Russie, l'Espagne et la France. Le but poursuivi est d'équilibrer la triple alliance : Prusse, Angleterre et Hollande. Mais la France est alors beaucoup trop préoccupée par les problèmes financiers et la préparation des états généraux. Elle ne peut prendre aucun engagement. Le seul rôle qu'elle espère jouer consiste en celui de médiatrice. Aussi l'Autriche lui demande-t-elle de négocier un traité entre l'empereur et les Turcs.

mars

A partir de cette date, les émeutes à propos de la cherté du pain se succèdent, aussi bien dans la généralité de Paris ou dans celle d'Orléans qu'en Provence. Les hôtels de ville, les maisons des notables, les magasins de blé sont attaqués.

14 mars

L'évêque de Senez est lapidé. Mais dans l'ensemble, on ne s'attaque guère aux personnes. Les troupes royales étant trop lentes à rétablir l'ordre, on forme des milices bourgeoises.

18 avril

Au faubourg Saint-Antoine, une échauffourée sanglante éclate avec « la soudaineté d'un coup de foudre » et fait deux cents morts et trois cents blessés. Les origines de cette émeute de la misère — révolte d'ouvriers en chômage — demeurent encore obscures. Le peuple pille de la cave au grenier la maison du marchand de papiers peints Réveillon. Patron bienveillant, d'ailleurs, mais qui aurait, dit-on, déclaré : « Les ouvriers peuvent bien vivre avec quinze sous par jour ! » A ceci, les ouvriers répondent : « Il faut tout brûler ! Il faut tout détruire ! » L'intervention des gardes-françaises interrompt la fête... et, rue de Montreuil, coule le premier sang de la

8 ET 9 JUIN 1789,
PARIS AU DÉBUT
DES ÉTATS GÉNÉRAUX

« *Paris est à présent dans une telle fermentation, à propos des états généraux qui se tiennent à Versailles, que la conversation est totalement absorbée par eux. On ne peut parler d'autre chose. Tout est, à bon droit, considéré comme important dans un tel épisode de la vie de vingt-cinq millions d'hommes... Actuellement, les affaires des marchands de brochures font, à Paris, des progrès extraordinaires. Je suis allé au Palais-Royal, pour voir les nouvelles publications et m'en procurer le catalogue ; chaque heure en produit une nouvelle ; il en a paru treize aujourd'hui, seize hier et douze la semaine dernière... Les dix-neuf vingtièmes de cette production sont en faveur de la liberté, et généralement violentes contre le clergé et la noblesse.*

Les cafés du Palais-Royal présentent un autre spectacle encore plus singulier et étonnant ; non seulement l'intérieur est comble, mais la foule se presse aux portes et aux fenêtres et écoute « à gorges déployées » certains orateurs qui, montés sur des tables ou des chaises, ont chacun leur petit auditoire. On ne peut aisément imaginer l'avidité avec laquelle on les écoute, ni le tonnerre d'applaudissements qu'ils reçoivent pour toute expression hardie ou violente, dépassant la mesure ordinaire, contre le gouvernement. Je suis ébahi que le ministère souffre de tels nids, de tels foyers de sédition et de révolte. »

ARTHUR YOUNG

Révolution. Il paraît probable que des meneurs ont soudoyé quelques ouvriers. L'un de ces malheureux, arrêté sans ménagement, aurait, paraît-il, soupiré : « Mon Dieu ! faut-il donc être traité de la sorte pour douze misérables francs ? »

Constatation troublante : des ouvriers incarcérés après l'échauffourée sont trouvés porteurs d'écus ! Du moins on l'a affirmé... On a dit que le duc d'Orléans se rendait paisiblement ce jour-là aux courses de Vincennes, et qu'en traversant le faubourg il avait été le premier étonné en voyant l'effervescence qui y régnait. Cet étonnement était-il sincère ? On a voulu aussi rendre les jacobins responsables de la journée ; d'autres ont parlé de l'Angleterre ; on a même mis en cause la cour, désireuse d'avoir un mouvement à réprimer, afin de pouvoir concentrer des troupes à Paris. Ce n'est pas impossible... Mais ne concluons pas : la preuve décisive manque.

Quoi qu'il en soit, des pillards et des contrebandiers profitent des troubles qui ont lieu dans toute la France. Le pillage, enhardi par l'impunité, devient méthodique et le gouvernement, craignant d'aggraver la situation, se montre de plus en plus impuissant à le réprimer.

2 mai

« Tandis que l'on s'égorgeait à Paris, a écrit le marquis de Ferrières, on s'occupait à Versailles à régler le costume des députés, à préparer un spectacle qui pût amuser l'oisiveté des femmes de la cour, et frapper d'étonnement et d'admiration les habitants de Paris. On compulsa tous les registres pour déterminer avec quels habillements les députés des trois ordres paraîtraient à la grande procession qui devait précéder l'ouverture des états généraux. »

Pour la présentation des députés, Louis XVI suit la tradition, mais le tiers état y voit une offense. Le roi reçoit, en effet, le clergé dans son cabinet, la porte ouverte à deux battants. Puis il accueille les députés de la noblesse, la porte n'étant ouverte qu'à un seul battant. Les membres du tiers état, eux, défilent dans la chambre à coucher.

Le 13 novembre 1790, les révolutionnaires s'emparent de l'hôtel de Castries qu'ils livrent au pillage. Comme on peut le voir sur cette gravure anonyme, les meubles sont jetés par les fenêtres, sans qu'il soit tenu le moindre compte de leur valeur, puis démolis à coups de hache et de pioche. La bibliothèque, la literie, des ustensiles de ménage suivent pêle-mêle le même chemin. Paris connaît, depuis un an déjà, de telles exactions.

L'ouverture des états généraux à Versailles, le 5 mai 1789. Gravure de Helman, d'après un dessin de Monet. L'assemblée est réunie dans la salle de l'hôtel des Menus-Plaisirs, située avenue de Paris et aujourd'hui détruite. Elle servait à l'époque au rangement de ce qui était nécessaire aux fêtes de la cour. Sous le dais, siège le roi Louis XVI. Il est entouré de la reine Marie-Antoinette, à sa gauche, et, à sa droite, de Monsieur, comte de Provence, puis du comte d'Artois et de Madame Élisabeth. Au pied de l'estrade sont assis les six ministres. Les députés de la noblesse siègent à la gauche du roi, ceux du clergé à sa droite et ceux du tiers en face de lui.

4 mai

A Versailles, sur le parvis Notre-Dame, les cloches sonnent. Les tapisseries de la Couronne, les oriflammes, les drapeaux fleurdelysés claquent aux fenêtres. Le vent est un peu froid. Douze cents députés sont venus de tous les coins de France pour cette première journée des états généraux. La Révolution commence par une procession, une procession où figurent les derniers rois de France : Louis XVI, Louis XVIII, Charles X, Louis-Philippe, depuis peu duc de Chartres, et le jeune duc d'Angoulême qui, à Rambouillet, un jour de 1830, sera, durant trois minutes, le roi le plus inconnu des écoliers de l'avenir : le roi Louis XIX de France !

Le duc d'Orléans, qui enverra à l'échafaud Louis XVI et dont le fils détrônera d'un seul coup Charles X, Louis XIX et Henri V, marche avec les députés de la noblesse... C'est le héros du jour !

Il y a même là, perdu au milieu des députés du Tiers, le futur maître de la France : M. Maximilien de Robespierre, en habit de laine noire, mantelet de soie noire et cravate de mousseline blanche.

Tous tiennent un cierge à la main... tous sauf les porteurs de bannières et les fauconniers de Sa Majesté qui tiennent leur oiseau sur le poing. Le roi, le « Régent » à son chapeau, en habit et manteau de drap d'or, avance entouré des grands officiers de la couronne. Il est follement acclamé. Mais, lorsque paraît Marie-Antoinette dans sa robe parsemée d'or et d'argent, c'est le silence... un silence méprisant. Place d'Armes, alors qu'elle vient de passer sous le balcon où son petit dauphin se meurt, un cri la flagelle : « Vive le duc d'Orléans ! »

Quelques minutes plus tard, à l'église Saint-Louis, monseigneur de La Fare, évêque de Nancy, monte en chaire et ose dire :

« Sire, le peuple sur lequel vous régnez a donné des preuves non équivoques de sa patience. C'est un peuple martyr à qui la vie semble n'avoir été laissée que pour le faire souffrir plus longtemps. » Les députés du Tiers qui, jusqu'à présent, croyaient représenter seulement des contribuables trop pressurés, relèvent la tête... Ils ne la baisseront plus. Mais l'évêque attaque maintenant le luxe de la cour. Les yeux se tournent vers la reine : « C'est sous le nom d'un bon roi, d'un monarque juste, sensible, que ces misérables exacteurs exercent leurs barbaries. »

Pour la première fois dans une église de France — le Saint-Sacrement exposé — on applaudit. En rentrant au château, Marie-Antoinette est en proie à une attaque de nerfs si violente qu'elle en brise ses bracelets de diamants...

5 mai

Séance solennelle d'ouverture des états généraux. Les députés sont fort étonnés d'apprendre par la bouche de Necker que « ce n'est pas à la nécessité absolue d'un secours d'argent » qu'ils doivent « le précieux avantage d'être rassemblés par Sa Majesté en états généraux ». Necker leur déclare de sa voix monotone que le déficit régulier n'est que de cinquante-six millions ! Pour les couvrir, rien de plus simple... Ne pourrait-on pas, par exemple, « étendre à la Bretagne la vente du tabac râpé » ? « Quel pays que celui où sans impôts et avec de simples objets inaperçus on

EXTRAIT DU « JOURNAL DU GOUVERNEUR MORRIS »

Je vais à Versailles et j'entre dans la salle un peu après huit heures. Je reste assis dans une position incommode jusqu'à midi. Pendant ce temps, les différents députés entrent, et sont rangés successivement par bailliages. Des applaudissements répétés saluent l'entrée de M. Necker et celle du duc d'Orléans... Le roi arrive enfin et s'assied; la reine est à sa gauche, deux degrés plus bas... Le roi, ayant fini de parler, se découvre; il remet ensuite son chapeau et la noblesse suit son exemple. Quelques membres du tiers état font de même, mais se découvrent de nouveau peu à peu. Le roi retire sa coiffure encore une fois; la reine semble croire qu'il a tort, et dans une conversation qu'elle a avec le roi celui-ci semble lui dire que son désir est d'agir ainsi, quel que soit le cérémonial prévu, mais je n'en suis pas si sûr, étant trop loin pour voir distinctement, et surtout pour entendre. Les nobles eux-mêmes se découvrent peu à peu. Si ces trois manœuvres sont prescrites par le cérémonial, les troupes ne sont pas encore suffisamment exercées...

Après le discours du roi, et tous ces mouvements de chapeaux, le garde des Sceaux prononce un discours beaucoup trop long. Son débit est très mauvais et si confus que l'on n'en pourra parler qu'après l'impression. Ensuite, M. Necker se lève. Il essaie de jouer à l'orateur, mais il s'en tire très mal. L'auditoire le salue d'applaudissements répétés et enthousiastes. Mis en verve par ces marques d'approbation, il tombe dans les gestes et dans l'emphase, mais son mauvais accent et la gaucherie de ses manières détruisent beaucoup de l'effet que devrait produire un discours écrit par M. Necker et prononcé par lui... Quand ce discours est fini, le roi se lève pour partir; il est salué d'un long et touchant cri de : Vive le roi! *La reine se lève et, à ma grande satisfaction, entend crier, pour la première fois depuis plusieurs mois :* Vive la reine! *Elle fait une révérence pleine de grâce, et les acclamations redoublent; elle y répond par un autre salut encore plus gracieux.*

peut faire disparaître un déficit qui a fait tant de bruit en Europe! » Telle est la conclusion du « Magicien ». Les députés se regardent stupéfaits... Puisque le déficit se trouvera comblé par des « objets inaperçus », pourquoi ne s'occuperait-on pas d'unifier le royaume de façon à ne pas changer de lois en changeant de chevaux de poste, selon l'expression de Voltaire? Ce n'est pas pour cela que Louis XVI a fait appel à eux!... Mais le roi semble plein de bonne volonté — il vient de se déclarer « le premier ami de ses peuples » — et il sera certainement heureux de voir mettre un peu d'ordre et d'unité dans la mosaïque de ses *pays d'état* et de ses *pays d'élection*, ou même à travers ses provinces — telles l'Alsace et les Trois Évêchés — qui font partie de la France, tout en ne pouvant pas faire librement du commerce avec elle!

« La bataille est engagée », écrira ce même soir un député du Tiers... et il entendra par là la bataille, non *contre* le roi, mais *avec* le roi pour sauver le royaume.

6 mai

Alors que le clergé et la noblesse tiennent séance séparément, les députés du Tiers siègent dans la grande salle des Menus-Plaisirs et prennent le nom de « députés des communes » en souvenir des communes du Moyen Age ou de la Chambre des communes en Angleterre. Ils décident d'attendre que la noblesse et le clergé se joignent à eux et s'engagent à ne rien entreprendre qui pourrait faire croire à une séparation entre les trois ordres. Voyant cette situation, les députés du clergé proposent que les trois ordres nomment des commissaires qui conféreront ensemble. Le tiers état accepte aussitôt.

23 mai

Ouverture des conférences réunissant les commissaires des trois ordres. La noblesse veut maintenir la séparation et le tiers état propose alors au clergé de se réunir pour trouver une solution. Les députés-curés se montrent très enthousiastes de ce projet et veulent se joindre au Tiers, mais les évêques les retiennent et leur demandent de délibérer. Le haut clergé fait immédiatement appel à Louis XVI. Celui-ci fait répondre que les commissaires des trois ordres devront se réunir et délibérer en présence du garde des Sceaux, le roi voulant ainsi jouer le rôle de conciliateur.

30 mai

Les conférences commencent en présence de Barentin, garde des Sceaux. Pendant les premières séances, les discussions sont de pure forme et traînent en longueur, la noblesse faisant tout pour louvoyer et éviter d'attaquer les sujets de front.

L'abbé Sieyès (1748-1836) était le fils d'un contrôleur des actes. Entré dans les ordres, il devint chanoine de Tréguier, puis vicaire général de Chartres et se fit connaître, en 1788, par la publication d'un Essai sur les privilèges *suivi, en 1789, de son fameux* Qu'est-ce que le tiers état? *dans lequel il exige l'égalité politique. Élu député du tiers de Paris, il est l'instigateur de la vérification en commun des pouvoirs et le rédacteur, avec Mounier, du célèbre serment du Jeu de Paume. Cette estampe reproduisant les traits de l'abbé fut gravée par Allais.*

Afin d'apporter à l'assemblée des états généraux du 5 mai 1789 tout l'éclat souhaité, on décide que chaque député, selon l'ordre auquel il appartient, doit adopter un costume dont l'étoffe, la couleur et la coupe ont été spécialement arrêtées. Une gravure de l'époque présente les trois modèles « réglementaires ». On voit successivement : ci-contre, le clergé ; ci-dessous, la noblesse (à gauche) et le tiers état (à droite).

4 juin

Mort du premier dauphin à Meudon.

début de juin

L'opinion est surchauffée. Le drame monte. Paris commence à manquer sérieusement d'approvisionnement, la « soudure » entre les deux récoltes étant très difficile. « Nombre de boulangers sont sur le point de fermer boutique, écrit Hardy, d'autres cuisent un tiers moins de pain que de coutume, enfin les Halles ne sont nullement garnies de farine et un grand nombre de personnes s'approvisionnent de riz. »

10 juin

L'abbé Sieyès propose au Tiers d'abandonner les essais de conciliation avec les deux autres ordres puisqu'ils échouent continuellement et d'envoyer une « invitation » — une sommation serait plus juste — aux deux ordres privilégiés, afin de se réunir pour opérer en commun la vérification des pouvoirs. S'ils s'abstenaient de se rendre à la convocation, on passerait outre et la vérification s'effectuerait en dépit de l'absence de la noblesse et du clergé.

12 juin

La vérification des pouvoirs commence par un appel nominal : un par un les députés du Tiers se présentent au bureau, tandis que les membres du clergé et de la noblesse s'abstiennent.

13 juin

La vérification continue. Seuls trois curés de la région de Poitiers se joignent au Tiers. Ils seront six le lendemain et seize, trois jours plus tard.

15 juin

Le Tiers décide de se constituer en assemblée générale. Plusieurs noms sont proposés pour cette nouvelle assemblée; on envisage : « Assemblée légitime des représentants de la majeure partie de la nation agissant en l'absence de la mineure partie. » Sieyès, plus concis, propose alors de choisir le nom d'*Assemblée nationale*, alors que Mirabeau trouve le titre trop arrogant et suggère : « Représentants du peuple français. »

17 juin

Sieyès prend la parole. Il dénie aux députés des deux ordres qui ont refusé de se joindre à eux le droit de légiférer et estime que le roi n'a pas plus le droit d'intervenir que d'opposer un veto. Il propose de nouveau le titre d'Assemblée nationale, puisque, dit-il, le Tiers représente — statistique discutable — les quatre-vingt-seize centièmes de la nation. Il termine en invitant encore les deux autres ordres à se joindre à eux.

La proposition est votée par 491 voix contre 89. Premier acte de la nouvelle assemblée : elle déclare être seule habilitée à voter des impôts : elle se substitue ainsi au roi. Alors que Necker se montre favorable aux états, Louis XVI, poussé par la reine et les princes, décide qu'une séance royale aura lieu le 22 juin dans la salle des Menus-Plaisirs. Sous prétexte de préparatifs, la salle pourrait être ainsi fermée jusqu'à cette date.

19 juin

Séance du Conseil à Marly au cours de laquelle Necker propose l'égalité fiscale, l'accès de tous aux charges publiques et, dans certains cas, le vote par tête. Mais il laisse aux deux ordres privilégiés le soin de discuter de leurs privilèges. Après deux heures de discussion, Louis XVI commence à être ébranlé par les arguments de Necker... Soudain, la porte s'ouvre, un officier vient parler bas au roi qui sort rapidement. « C'est la reine qui l'envoie chercher, murmure Necker, il n'y a rien de fait! » En effet, lorsque Louis XVI revient au Conseil, il a changé d'avis. Marie-Antoinette a eu gain de cause. Il ne faut pas pactiser avec les « rebelles »!

20 juin

Alors que le roi chasse le cerf au Butard, les députés, trouvant les Menus-Plaisirs fermés, cherchent un nouveau lieu de séance. Sur la proposition du docteur Guillotin, ils se rendent à la salle du Jeu de Paume et sont acclamés sur leur passage par les gens de Versailles; c'est le célèbre serment... L'Assemblée affirme son droit de délibérer « partout où les circonstances l'exigeront jusqu'à ce que la constitution du royaume soit établie et affermie sur des fondations solides ». Comme l'écrit Dumont, secrétaire de Mirabeau, le Tiers était désormais « confédéré contre la puissance royale ».

21 juin

Tandis que le roi et la reine rejoignent Versailles, Necker, Saint-Priest et Montmorin les supplient de ne pas « ulcérer le tiers état, écho de l'opinion publique ». Mais Marie-Antoinette, soutenue par Provence, Artois et trois ministres sur six, prône l'autorité. Louis XVI, qui n'est souvent qu'un mannequin de son à qui on fait prendre l'attitude que l'on veut, accepte de jouer les autoritaires : les trois ordres délibéreront séparément; il n'a pas convoqué une *Assemblée nationale*, mais des *états généraux*.

22 juin

Après avoir erré dans Versailles à la recherche d'une salle plus vaste que le Jeu de Paume, les députés se réunissent finalement dans la nef de l'église Saint-Louis. Là se présentent deux nobles et une députation du clergé que le Tiers reçoit avec beaucoup d'empressement et de respect.

Les cent cinquante ecclésiastiques, conduits par l'évêque de Chartres, déclarent être présents pour opérer la vérification des pouvoirs, mais ne parlent pas de délibération en commun. « Le spectacle de cette assemblée était extraordinaire, écrira le témoin Young, une foule énorme y assistait à l'intérieur et à l'extérieur de l'église. L'anxiété et l'incertitude de tous les regards, la variété d'expression qui découlait des différentes opinions et des différentes conditions donnaient au comportement de tout ce monde un caractère comme je n'en avais jamais vu auparavant... Toutes les formes ordinaires et les salutations qu'exige la politesse étaient abolies. »

23 juin

Séance royale dans la salle des Menus-Plaisirs. Le jeune Dreux-Brézé, tout froufroutant de plumes, introduit les membres de la noblesse et du clergé par la grande porte, tandis que les députés du Tiers pataugent dans la boue — il pleut

Chassés de la salle des Menus-Plaisirs, les députés du tiers et du bas clergé se réunissent, le 20 juin 1789, dan

Les députés : 1, Bailly, 2, Sieyès, 3, Grégoire, 4, Rabaut, 5, d. Gerle, 6, Pétion, 7, Buzet, 8, Merlin, 9, Dupont de Nemours, 10, Robespierre, 11, Père Gérard, 12, Mirabeau, 13, Barnave, 14, Tronchet, 15, Camus, 16, Martin d'Auch, 17, Guilhermy, 18, Legrand, 19, Rœderer, 20, Gauthier de Biauzat, 21, La Reveillière-Lépeaux, 22, Dubois Crancé, 23, Bergasse, 24, Thouvet, 25, Target, 26, Laborde Mereville, 27,

salle du Jeu de Paume de Versailles. C'est là qu'ils prêtent le fameux serment immortalisé par ce tableau de David.

Pison du Galant, 28, Mounier, 29, Treilhard, 30, Guillotin, 31, Bouche, 32, Laurent, 33, Gouttes, 34, Barère de Vieuzac, 35, Rewbell, 36, Thibault, 37, Maupetit, 38, Muget de Nanthou, 39, Gouy d'Arcy, 40, Malouet, 41, Lechapellier, 42, Kervelegan, 43, Lanjuinais, 44, Laville le Roux, 45, Gleizen, 46, Ramel, 47, Garat, 48, Creuzé de la Touche, 49, Régnaud, 50, Prieur de la Marne.

à verse — en attendant de pouvoir pénétrer dans la salle par une entrée presque dérobée qui leur a été concédée. Necker, qui a fait savoir publiquement son sentiment, n'assiste pas à la séance. Louis XVI, entouré de sa femme et des princes, joue au despote aveugle : les arrêtés du 17 juin concernant les impôts n'ont aucune valeur, les dîmes et les droits seigneuriaux seront maintenus.

— Si, par une fatalité loin de ma pensée, conclut le roi, vous m'abandonniez dans une si belle entreprise, seul je ferais le bien du peuple, seul je me considérerais comme son véritable représentant.

Autrement dit : je n'hésiterai pas à dissoudre les états généraux. Avant de quitter la salle, suivi de la reine triomphante, Louis XVI a ordonné aux trois ordres de se séparer et d'aller délibérer dans leur chambre respective... mais presque personne ne bouge. Aussi, le marquis de Dreux-Brézé, le chapeau sur la tête, vient-il dire à Bailly : « Vous avez entendu l'ordre du roi? » La plupart des phrases historiques ont été inventées après coup... Sans doute Mirabeau a-t-il refusé de quitter sa place, sans doute a-t-il parlé des baïonnettes qui seules pourraient le faire lever, mais n'a vraisemblablement pas lancé sa célèbre apostrophe, qui a fait la fortune des générations de marchands d'estampes. Lorsque Dreux-Brézé vient rendre compte au roi de son échec, Louis XVI soupire : « Ils veulent rester? Eh bien! F... qu'ils restent! »

Le bruit court de la démission de Necker. La reine appelle le ministre chez elle. Il vient la trouver, accompagné d'une foule qui arrive jusqu'aux portes du château. Necker promet de rester et est follement acclamé.

Grandes figures de la Constituante et de la Législative

Un matin de septembre 1791, à Bordeaux, la « turgotine », sorte de diligence, charge les voyageurs pour Paris. Parmi eux, trois hommes jeunes encore, pleins de vie et de force. Une petite foule joyeuse, ardente, est venue assister à leur départ. Quand ils montent en voiture, ce sont des cris que l'on peut imaginer : « A bientôt, Vergniaud! — Bon voyage, Guadet! — Adieu, Gensonné! — Faites du bon travail, la nation compte sur vous! »

Ce jour-là, la turgotine emmène vers Paris les députés de la Gironde, trois avocats. Il est long, en ce temps-là, le voyage de Bordeaux à Paris. Pendant tout le trajet, ceux qui seront bientôt les « girondins » ne cessent de parler avec fougue de l'avenir de la France. On imagine, devant tant de fièvre, l'intérêt passionné des autres voyageurs. Parmi eux, un certain M. de Reinhart. Il dira plus tard combien l'avait séduit — et étonné — l'ardeur de ces jeunes voyageurs reconstruisant la France en paroles.

Une telle scène, on pourrait en trouver le pendant dans presque toutes les villes de France, aussi bien en 1789, quand roulaient vers Versailles les députés aux états généraux, qu'en 1791, alors que la Législative allait prendre la relève de la Constituante. En 1789, aussi bien qu'en 1791, les députés étaient des novices. Ils avaient tout à apprendre. Pour beaucoup, l'élection, le voyage à Paris étaient l'événement capital d'une vie, une sorte de miracle. Ils allaient vers les assemblées comme vers une fête.

Découvrons-les, ces députés, sur les bancs où ils vont siéger. La Constituante, d'abord.

On y trouve trois partis. A droite, les aristocrates qui souhaitent le plus souvent le maintien de l'ancien régime et, plus tard, un retour au passé. Au centre, ceux que l'on appelle les « monarchiens » ou, à certains moments, les impartiaux. A gauche, les patriotes, ou constitutionnels, pour lesquels la Révolution est en marche.

C'est à droite qu'ont choisi de siéger la majorité des nobles, les trois quarts de l'épiscopat et une cinquantaine de curés. Sur ces bancs, voici le frère du grand Mirabeau, qu'on appelle, en raison de sa corpulence, Mirabeau-Tonneau. Il déteste son frère et se manifeste surtout par des lazzi. Un jour, il monte à la tribune en état d'ivresse. Voici encore d'Espréménil, à la voix douce, qui croit toujours que tout s'arrangera par un arrêt du Parlement. Puis le comte de Montlosier, défenseur du clergé. Le grand orateur de la droite, c'est Jacques de Cazalès, un ancien officier. Sa parole est claire, sobre, élégante. Il se montre favorable à une monarchie tempérée par les états généraux. Mais il tient à ce que le roi soit un roi. Il va s'opposer au serment des prêtres, à la constitution civile du clergé, défendre Bouillé. Il émigrera. Parmi les orateurs du clergé, il faut citer surtout l'abbé Maury, fils d'un cordonnier de Valréas, qui ressemble, dit Montlosier, à « un grenadier déguisé en séminariste ». Il est le seul à pouvoir parfois tenir tête à Mirabeau. Son éloquence est brutale, bavarde, un peu vulgaire, volontiers agressive. Pour l'emporter, il ne néglige aucun effet, occupe la tribune pendant des heures, interrompt les orateurs. Il se montre partisan des privilèges, adversaire des réformes, défenseur agressif du clergé et du roi. Lui aussi émigrera. Il finira cardinal.

Au centre, siègent une quarantaine de députés. Parmi eux, des nobles fidèles au roi mais conquis aux idées philosophiques et libérales : ainsi Noailles, Lally-Tollendal, Clermont-Tonnerre. Et aussi des bourgeois, comme l'ancien intendant Malouet, comme l'avocat Mounier, le meilleur orateur du centre. Il aime l'ordre, et ne peut accepter les désordres de la rue. Sa popularité s'effondrera six mois après le début de la Révolution. Il se retirera en Suisse et ne reviendra en France qu'après le 18 brumaire. Au centre, encore, l'astronome Bailly, d'abord très populaire. Il sera élu maire de Paris. Sa popularité sombrera quand il fera tirer sur le peuple au Champ-de-Mars. C'est d'ailleurs au Champ-de-Mars qu'en signe d'expiation il sera guillotiné. Aucun de ces hommes ne montre assez d'envergure pour devenir chef de parti.

Il faut bien dire que c'est à gauche qu'on voit la majorité des députés. C'est là que siègent les patriotes, les constitutionnels. On y trouve quelques nobles qui hésitent parfois à rejoindre le parti monarchien, comme La Rochefoucauld-Liancourt, et surtout La Fayette. Des membres du clergé, comme l'abbé Grégoire ou l'évêque d'Autun, Talleyrand. Celui-ci est fort décrié pour ses mœurs. Il ne s'en montre pas moins orateur persuasif, et la gauche l'écoute volontiers, sans jamais le considérer comme un de ses chefs. Pas plus d'ailleurs que l'abbé Sieyès, auteur de la célèbre brochure. Celui-ci vit isolé dans son orgueil et ne daigne point s'expliquer sur ses théories souvent obscures. Cette obscurité même assure son renom. Pendant tout le cours de la Révolution, il passera pour détenir la vérité, sans jamais la formuler. Sieyès est le sphinx de la Révolution. On découvre à gauche beaucoup d'hommes de loi, comme Tronchet ou l'avocat Le Chapelier, fondateur du club breton qui sera le futur club des Jacobins. C'est Le Chapelier qui présidera lors de la nuit du 4 août. Il sera guillotiné. Autre avocat, Pétion de Villeneuve, qui se signale par ses attaques contre Mirabeau. Membre très actif de la Société des Amis des Noirs, il sera secrétaire, puis président de la Constituante. Il présidera à la réorganisation du club des Jacobins. Plus tard, il se joindra à la Gironde contre Robespierre — et ce sera sa perte. Un avocat encore — il vient d'Arras — Maximilien de Robespierre. Il intervient encore fort peu, mais chacune de ses déclarations porte. Le 30 septembre 1791, à la dernière séance, avec Pétion, il sera, pour la première fois, l'objet d'une ovation de l'Assemblée.

Très vite, la gauche se divisera en fractions, en coteries. La plus fameuse : le triumvirat, avec Adrien du Port, Charles de Lameth et Barnave. Comme les mousquetaires, ces triumvirs seront quatre quand Alexandre de Lameth rejoindra son frère. Ils n'ont pas vraiment de programme précis, ils s'opposent à Mirabeau ou à La Fayette, pour des motifs souvent plus personnels que politiques. L'inspirateur du groupe est du Port, un magistrat philosophe. On répète : « Ce que du Port pense, Lameth le fait, Barnave le dit. » Les frères Lameth interviennent assez peu à l'Assemblée, se faisant surtout entendre au club des Amis de la Constitution. Les Lameth émigreront. Mais l'homme important, c'est Barnave. Ce protestant de Grenoble a vingt-huit ans en 1789. Dès les états de Vizille, il a combattu l'absolutisme. Élu député du Tiers du Dauphiné, il s'est d'emblée installé à la gauche de l'Assemblée. Il se voudra l'un des chefs de l'extrême-gauche. Le 17 juillet 1789, après le meurtre de Foulon et de Bertier, il lance le fameux : « Eh! quoi, Messieurs, ce sang était-il donc si pur? » Parole acclamée par la gauche. Ce grand orateur sait, devant l'Assemblée, contenir son éloquence. Quand Mirabeau se rapproche de la cour, Barnave s'opposera à lui, violemment. Son but : activer le mouvement de la révolution que Mirabeau tente de freiner. En janvier 1791, il défendra le club des Jacobins contre le club monarchien. On sait comment il se rapprochera du roi après Varennes et deviendra partisan d'une monarchie constitutionnelle. Il sera arrêté, condamné, exécuté. Il a eu le temps

Ci-dessus, portrait de Mirabeau peint par F. Lonsing vers 1790 : l'homme d'esprit y apparaît plus encore que le tribun. Ci-dessous, Antoine Barnave, *que ses idées avancées n'empêcheront pas de monter à l'échafaud. Pastel anonyme.*

Grandes figures de la Constituante et de la Législative

d'exprimer longuement ses idées dans un texte révélateur. Il explique que la révolution est due à la puissance économique et à la maturité de pensée de la bourgeoisie. Pour lui, il ne peut y avoir de révolution en marche que tant que la bourgeoisie en conservera la direction. Les réactions populaires lui sont parfaitement étrangères. Ainsi que le signale M. Soboul, comme beaucoup de ses contemporains, Barnave confond le peuple et la bourgeoisie.

Autre vedette incontestable de la Constituante : Gilbert Motier, marquis de La Fayette. En 1789, il a trente-deux ans. On sait comment il avait conquis la gloire dans la guerre d'Amérique. Il est revenu des États-Unis tel le paladin de la liberté. Ses idées consistent à abolir l'esclavage aux colonies, donner aux protestants des droits équivalents de ceux des catholiques, réformer l'État dans le cadre de la monarchie. Il pense que tout sera sauvé lorsqu'on aura rapproché Louis XVI du peuple en le libérant de son entourage. En 1789, il ne rompt pas avec son ordre; c'est comme député de la noblesse de Riom qu'il est élu aux états. A la Constituante, il n'en ira pas moins siéger sur les bancs de la gauche. Indiscutables, ses ambitions : il aspire à jouer, dans la Révolution française, le rôle de Washington — son grand ami — dans la Révolution américaine. Il sera le premier à demander une déclaration des droits de l'homme. Le 15 juillet, le comité permanent parisien le nomme commandant de la Garde nationale. Cet ambitieux se montre satisfait : le sort de la monarchie repose dorénavant sur lui. Il fait le serment de sacrifier sa vie « à la conservation de la liberté ». Après la mort de Foulon et de Bertier, qu'il n'a pu empêcher, et devant les innombrables difficultés qui se présentent, il veut démissionner. C'est un tollé. On le supplie de rester. Il se sent indispensable. Cherchant un emblème pour la Garde nationale, le 31 juillet, il paraît au balcon de l'Hôtel de Ville en brandissant une cocarde tricolore, bleu, blanc, rouge : « Je vous apporte une cocarde qui fera le tour du monde! » On connaît son rôle lors des journées d'octobre. Après le retour à Paris, il se rapproche de la cour et du roi, mais prend des attitudes protectrices qui agacent autant Louis XVI que Marie-Antoinette. Sa popularité est à son zénith. Mais déjà, on le jalouse. On lui reproche d'être indécis. Mirabeau le déteste, l'accuse d'avoir des ambitions de « maire du palais ». Il le traite de « sous-grand-homme » et de « Gilles-César ». Le 14 juillet 1790 marquera son triomphe absolu. A sa vue, la foule des fédérés délire. On embrasse ses mains et même la croupe de son cheval. On frappe des médailles à son effigie.

La roche tarpéienne est proche du Capitole : après l'affaire de Nancy, La Fayette anime la répression. D'un seul coup, sa popularité s'effondre. Marat l'a déjà traité de « faux ami du peuple ». On multiplie contre lui les pamphlets. Au moment de la fuite du roi à Varennes, on l'accusera d'en avoir été le complice. Il voudra se justifier devant la Société des Amis de la Constitution. Danton l'apostrophera, il ne trouvera rien à répondre. Dans les rues, on réclame sa tête, l'Assemblée se déchaîne contre lui. Le 17 juillet 1791, quand La Fayette fait tirer sur le peuple au Champ-de-Mars, il deviendra la bête noire des Parisiens, littéralement exécré.

Il n'en obtiendra pas moins le commandement d'une armée, partira l'organiser à Metz, reviendra à Paris après l'affaire de juin 1792, quand le peuple aura envahi les Tuileries et coiffé Louis XVI du bonnet rouge. Avec un courage qu'il faut reconnaître, La Fayette a tenu à protester devant l'Assemblée contre ce « crime de lèse-nation ». Peut-être est-ce seulement à ce moment qu'il comprend, par l'attitude méprisante des Parisiens à son égard, à quel point il est impopulaire. Il regagne son armée, mais passera dans les lignes ennemies, avec son état-major de nobles libéraux. Les Autrichiens le jetteront en prison où il demeurera du 18 septembre 1792 au 19 septembre 1797.

Mais la gloire de La Fayette, si prodigieuse fût-elle, est peut-être éclipsée encore par l'écrasante personnalité de Mirabeau. Au défilé des états généraux, le 4 mai 1789 à Versailles, dans les rangs du Tiers, on n'a vu que cet homme « à stature de portefaix », lourde, épaisse, qui marchait d'un pas à la fois brusque et majestueux, en rejetant en arrière une tête puissante, à la laideur effrayante, qu'encadrait une énorme crinière frisée en boucles et poudrée. Il vient tout juste d'avoir quarante ans. Il est né monstrueux, avec une tête énorme, deux molaires déjà formées, la langue nouée et une cheville tordue. La cheville s'est redressée, la langue s'est dénouée. Mais la tête est restée grosse et la petite vérole, en lui grêlant profondément le visage, ne l'a pas rendu plus agréable à voir. « Ton neveu est laid comme Satan », écrivait le père Mirabeau à son frère. Il n'en a pas moins été adoré des femmes. Il s'est marié à vingt-trois ans, avec une riche héritière, sur le balcon de laquelle toute la ville l'avait vu, quelques semaines plus tôt, en chemise, au petit matin. Il a fait la guerre, on l'a jeté en prison pour indiscipline. Il s'est battu avec un vieux baron. Nouvelle prison au château d'If; il séduit la

Cette gravure allégorique et antirévolutionnaire de Guyot évoque l'assemblée des trois ordres transportés dans le char de l'État. Celui-ci est tiré par un serpent, un mouton, un lion et un bœuf, symboles de la félonie, de la crédulité, de la puissance et de l'acharnement.

cantinière. Prison encore au fort de Joux, à Pontarlier; il enlève la jeune femme d'un vieux magistrat, Sophie de Monnier. Lune de miel en Suisse, puis en Hollande. Arrestation du couple fugitif; Mirabeau enfermé, pour trois ans et demi, au donjon de Vincennes. Encore des procès, des polémiques, des pamphlets, des libelles. Une amoralité cynique et souriante, un esprit incisif, une verve déchaînée. Une éloquence admirable. Une popularité qui monte. Avec cela, un sentiment de révolte contre une caste qui l'a renié. De gros besoins d'argent. Aux élections aux états généraux, Mirabeau littéralement se découvre. Enfin, il peut extérioriser ses sentiments libéraux. Sa campagne en Provence, dans les rangs du Tiers, a pris l'apparence d'un triomphe. Son père, jusque-là hostile, a dû avouer : « Voilà de la gloire, de la vraie gloire. »

Dès son arrivée à Versailles, il attaque le ministère dans un journal qu'il fonde, bientôt remplacé par ses *Lettres à mes commettants*. A l'Assemblée, il attaque violemment la noblesse, soulevant d'abord la méfiance du Tiers. Le 23 juin, c'est l'exclamation fameuse et discutée sur « la volonté du peuple » et « la force des baïonnettes ». Dès lors, on le prend pour un adversaire de la monarchie, ce qu'il n'est pas. Ce qu'il voudra toujours : lutter contre le despotisme, mais protéger la monarchie. Avec cela, il tient à rester populaire, ce qui n'est pas facile. Il déclare à Lamarck : « Quelle position m'est-il possible de prendre? Le gouvernement me repousse, et je ne puis me placer dans le parti de l'opposition qui est révolutionnaire. »

Gabriel-Honoré de Riquetti, comte de Mirabeau, appartenait à une famille de la noblesse provençale d'origine italienne. Ce portrait de Boze révèle toute la puissante laideur du redoutable orateur (musée Granet, Aix-en-Provence).

Mirabeau sera le grand tribun de l'Assemblée. Sa voix est claire, quand il le veut tonnante. Il renforce la parole par le geste. Il en connaît la puissance et ne mésestime pas l'importance de son aspect physique : « On ne connaît pas la toute-puissance de ma laideur! » Pourtant, à quelques exceptions près, l'auditoire continue à se méfier de lui : la gauche le considère comme un noble dévoyé, la droite comme un démagogue. Nouvelle contradiction : s'il aime la gloire, il a aussi de grands besoins d'argent. Il est paresseux. Il fait préparer ses discours par une dizaine de « faiseurs » parmi lesquels Clavière, l'abbé Lamourette, le publiciste Pellenc. Sur ces discours préparés, il improvise. Nul plus que lui ne connaît l'art de la riposte. Il sent prodigieusement

Grandes figures de la Constituante et de la Législative

les hommes et les choses. Mais chez lui, le goût de l'intrigue domine trop souvent. Il passera ainsi du parti d'Orléans à celui de Monsieur, puis à celui du roi.

Après la nuit du 4 août, il estime que la révolution est terminée, ou qu'il faut y mettre un terme. Elle devait servir à libérer le roi, c'est fait. En la continuant, on court le risque de voir le roi chassé du trône. Mirabeau pense être le seul à pouvoir incliner le sens de la marche de la révolution; il rêve d'être un second Richelieu. Il tente de se rapprocher de la cour, fait remettre à Monsieur, comte de Provence, un programme de gouvernement : « Le seul moyen de sauver l'État et la constitution naissante est de placer le roi dans une position qui lui permettra de se coaliser à l'instant avec ses peuples. »

Au mois de mars 1790, malade, Mirabeau ne participe que fort peu aux séances de l'assemblée. Au mois d'avril, par l'intermédiaire de l'ambassadeur d'Autriche, le comte de Mercy-Argenteau, le roi et la reine lui font savoir qu'ils souhaitent recevoir ses avis. On sait comment il les rencontrera le 3 juillet. Il les quittera plein d'espoir et d'illusions. Il n'en garde pas moins sa liberté et multiplie à l'assemblée les déclarations dans le sens de la gauche. Il sent que Louis XVI ne se résoudra jamais à le porter au pouvoir. C'est par le peuple qu'il y parviendra, croit-il. Mais une fois au pouvoir, il renforcera la monarchie. Il continue à mener une vie épuisante de débauche et de plaisir. En janvier 1791, il souffre des yeux, doit porter un bandeau pour parler à l'assemblée. Au mois de mars, de violentes coliques néphrétiques le terrassent. Il voit approcher la mort. A Talleyrand, venu le visiter, il déclare : « Mon ami, j'emporte avec moi les derniers lambeaux de la monarchie. » Il meurt le 2 avril.

Maximilien de Robespierre. Portrait anonyme. On le surnommera l'Incorruptible.

Une foule énorme suivra son cercueil jusqu'à Saint-Eustache, puis au Panthéon, où on le placera à côté de Descartes. Il n'y restera pas longtemps.

On sait que les députés à la Constituante avaient décidé qu'aucun d'entre eux ne pourrait faire partie de l'Assemblée législative. Erreur très grave. L'expérience des premiers devait nécessairement faire défaut aux seconds. Les anciens membres de la Constituante allaient exercer désormais leur influence surtout par l'intermédiaire des clubs. Ce sera notamment le cas de Robespierre.

Pour l'opinion, les nouveaux députés sont presque tous des inconnus, à l'exception de Lacépède, Condorcet, Brissot ou Claude Fauchet. Parmi eux, beaucoup d'administrateurs de départements et de districts, des juges, des membres du clergé constitutionnel. A droite, le général Mathieu Dumas, Théodore Lameth, etc.

La droite veut continuer l'œuvre de la Constituante, soutenir et renforcer le pouvoir royal. La gauche subit l'influence des clubs, jacobins ou cordeliers. Elle cherche à limiter autant que possible le pouvoir royal. Parmi ceux qui la conduisent, Brissot, un libelliste, spécialiste de politique étrangère, un des fondateurs de la Société des Amis des Noirs; c'est lui qui fera proclamer à la Législative l'égalité des droits pour les hommes de couleur. A la Convention, il sera un des chefs du parti girondin. Il sera guillotiné. Le marquis de Condorcet appartient à l'ancienne école des encyclopédistes. D'abord, en 1789, il a défendu les privilégiés. Il s'est ensuite montré hostile à la déclaration des droits. En 1790, il manifeste contre les clubs, la confiscation des biens du clergé, les assignats. Varennes est son chemin de Damas. Après la fuite du roi, il devient républicain. Il s'alliera aux Girondins en 1793. L'année suivante, arrêté, il s'empoisonnera dans sa prison.

Ainsi se présentent-ils, ces hommes, presque tous sincères, purs, ardents. Ils n'ont qu'un seul propos : assurer le bonheur des Français. Le drame, en politique, c'est que les augures se croient toujours seuls à détenir la vérité. Déjà, sous la Constituante, sous la Législative, peuvent se discerner les oppositions fondamentales qui conduiront au grand déchirement. Bientôt, un grand nombre de ces hommes, qu'ils aient appartenu à la Constituante ou à la Législative, se retrouveront sur les mêmes travées, à la Convention. Alors, l'observateur impartial devra se pénétrer d'une évidence : rarement, dans notre histoire, aura-t-on vu réunis, pour le service de la chose publique, tant d'individus à la personnalité aussi puissante, aussi originale, aussi attachante.

24 juin

La majorité du clergé rejoint l'Assemblée nationale et le vote par tête est décidé.

25 juin

Quarante-sept députés de la noblesse, dont le duc d'Orléans, arrivent à leur tour près du Tiers. Bailly les accueille avec joie.

fin juin

L'indignation de la foule augmente contre les récalcitrants qui refusent de se joindre à l'Assemblée. Paris est en effervescence : l'animation dans les jardins du Palais-Royal « tient de la folie ». « On ne parlait, dit un rapport de police, que du duc d'Orléans; les uns voulaient le faire généralissime des troupes nationales, les autres voulaient le faire roi. » On chante partout :

Vive Louis XVI
Vive ce roi vaillant
Monsieur Necker,
Notre bon duc d'Orléans !

25 et 26 juin

Gagnés par les idées de révolte, des gardes-françaises refusent de faire leur service.

27 juin

Le Conseil ayant jugé qu'une résistance prolongée serait imprudente, les présidents de la noblesse et du clergé reçoivent une lettre royale leur demandant de se joindre au Tiers : « Je le veux! » leur ordonnait Louis XVI. L'Assemblée accueille avec joie les derniers arrivants. « La famille est complète », selon le mot de Bailly. Le soir, tout Paris et tout Versailles illuminent.

début de juillet

Le roi reprend son rôle de despote abandonné depuis la réunion des trois ordres. Poussé par la reine, il accepte l'idée d'un coup d'État. Mais pour résister, pour « montrer sa force afin d'éviter de s'en servir », pour éventuellement dissoudre l'Assemblée, il faut appeler des troupes sûres. Aussi ordonne-t-on au régiment suisse de quitter Soissons. Le régiment de Castela, caserné à Metz et les hussards de Lauzun, résidant à Verdun, prennent la route de Paris, et le 7 juillet, *Bouillon-Infanterie*, est dirigé sur Nanterre.

Quelles sont les forces royales? Six régiments cantonnés dans Paris et autour de Paris — ce qui donne un ensemble de trente mille hommes.

8 juillet

A la tribune de l'Assemblée, Mirabeau dénonce avec violence les « préparatifs de guerre de la cour ». Selon lui, la concentration des troupes jette « les esprits les plus sages hors des limites de la modération ». Il prédit que le « peuple enivré » se précipitera « vers les excès dont la première idée l'eût fait frémir ». L'Assemblée vote alors une adresse priant respectueusement le roi d'éloigner les troupes de la région parisienne. « Les troupes ne sont destinées qu'à réprimer, ou plutôt à prévenir de nouveaux désordres, répondra Louis XVI, à maintenir le bon ordre et l'exercice des lois, à assurer et à protéger même la liberté qui doit régner dans les délibérations des états généraux. »

9 juillet

Breteuil, ancien ministre du roi et contre-révolutionnaire déclaré, est appelé à Versailles.

LE POULS DE PARIS VU PAR RIVAROL

« Rien ne peut égaler la terreur qui s'empara de l'esprit de tous les députés à la vue des troupes et des canons. Ils inondèrent la capitale et les provinces de lettres effrayantes ; et on ne parla bientôt plus que des attentats de l'autorité contre l'Assemblée nationale. Tantôt le ministère avait placé vingt barils de poudre sous la salle de l'Assemblée ; tantôt cent canons à boulets rouges étaient dressés contre ses murailles de bois. On disait que Paris allait être assiégé, et on comptait déjà les canons et les bombes qui lui étaient réservés : tellement que l'effroi, sincère dans les uns et simulé dans les autres, gagna bientôt la capitale et les provinces. Ainsi, pendant que le roi rassemblait des soldats et multipliait les secours, l'Assemblée nationale rassemblait les suffrages et multipliait les craintes. Pour le dire en un mot, le roi et l'Assemblée se disputaient l'armée. »

10 juillet

« Le régiment d'artillerie, écrit Camille Desmoulins, a suivi l'exemple des gardes-françaises, il a forcé les sentinelles et est venu se mêler avec les patriotes du Palais-Royal. Il paraît que la plupart des patriotes en font autant. On ne voit que des gens du peuple qui s'attellent à tous les militaires qu'ils rencontrent : *Allons, criez! vive le tiers état!* et les entraînent au cabaret où on boit à la santé des Communes. »

Partout les soldats discutent les ordres.

La prise de la Bastille

11 juillet

En l'absence de Necker, le roi préside un Conseil des dépêches. Pour éviter de prendre la parole, Louis XVI fait semblant de dormir. A la sortie du Conseil, il demande qu'on remette à Necker une lettre lui ordonnant de quitter le royaume.

Le début d'émeute qui, à la nouvelle du renvoi de Necker, a pris corps dans le jardin du Palais-Royal se poursuit le lendemain par la formation d'une municipalité révolutionnaire et la levée d'une milice de douze mille hommes. Renforcée par les gardes-françaises qui ont déserté, elle défile toute la nuit du 13 au 14 juillet dans les rues de Paris.

« Au premier bruit du départ de M. Necker, écrit Rivarol, Paris fut consterné, le Palais-Royal frémit, la Bourse se ferma, les spectacles furent suspendus et dix mille brigands armés se déchaînèrent dans les rues ».

12-14 juillet

A midi, dans le jardin du Palais-Royal, le soleil arrivé à son zénith frappe le miroir concave et allume l'amorce qui fait partir le coup de petit canon destiné à donner, chaque jour, l'heure aux Parisiens. Un coup de canon qui ouvre la Révolution!

La foule est dense. Les arbres plient sous le poids de ceux qui sont perchés sur les branches pour mieux entendre la voix chaude et cuivrée de Camille Desmoulins : « Citoyens, vous savez que la nation avait demandé que Necker lui fût conservé, on l'a chassé! Peut-on vous braver plus insolemment? Après ce coup ils vont tout oser et, pour cette nuit, ils méditent, ils disposent peut-être une Saint-Barthélemy des patriotes! Aux armes! Aux armes! Prenons tous des cocardes vertes, couleur de l'espérance. L'infâme police est ici. Eh bien, qu'elle me regarde, qu'elle m'observe bien! Oui, c'est moi qui appelle mes frères à la Liberté! »

De longues acclamations lui répondent. « Voilà mon pistolet, poursuit Desmoulins. Du moins, ils ne me prendront pas en vie et je saurai mourir glorieusement : il ne peut plus m'arriver qu'un malheur, c'est celui de voir la France devenir esclave!... Mes amis, arrachons les feuilles des marronniers, et formons-en une cocarde en signe de ralliement. »

Le maréchal de Broglie est devenu ministre de la Guerre et le baron de Besenval commande les troupes qui

Commandé par le prince de Lambesc, le régiment de cavalerie Royal-Allemand va tenter de réprimer le mouvement populaire qui, le 13 juillet, se manifeste dans les jardins des Tuileries. Le régiment, que cette aquarelle anonyme a représenté vu du pont tournant des Tuileries, doit cependant se replier sans avoir dégagé la place.

occupent la capitale. Le colonel du *Royal-Allemand* sollicite des ordres : les manifestants ont envahi les Tuileries et criblé de pierres les dragons. « Que le prince fasse mettre sabre au clair, ordonne Besenval, et qu'il charge avec son régiment pour dégager les Tuileries. » Ainsi est fait. Mais Lambesc ne parvient pas à « nettoyer » les Tuileries. Il se replie sur la place Louis-XV et demande des renforts.

L'opération exige du temps, aussi, pendant ce lent va-et-vient, l'insurrection mûrit. Les gardes-françaises mutinés pactisent avec le peuple et, sur le boulevard, les dragons essuient un feu nourri. Plusieurs hommes sont tués et blessés, plusieurs chevaux abattus. Paris sent la poudre. Paris semble livré à l'anarchie...

Au cours de la nuit les boutiques d'armuriers sont pillées. On incendie quarante barrières sur cinquante-quatre. On crée une milice bourgeoise forte de quarante-huit mille hommes. Le tocsin sonne. Paris ressemble au pont d'un navire au moment d'un branle-bas de combat. Paris veut se défendre, mais pour se défendre il faut des armes! « Des armes, il y en a à l'Hôtel de Ville! » On y court. On ne trouve que trois cent soixante fusils, distribués aussitôt par le prévôt. « Il y en a d'autres à l'Arsenal! » crie-t-on. « Et aux Invalides! » renchérit quelqu'un.

L'aube du 14 juillet se lève. Quelqu'un — un fourrier des gardes-françaises, nommé Labarthe — crie : « Il y a des armes à la Bastille! » Une immense clameur lui répond : « A la Bastille! A la Bastille! » Et la foule — un millier d'individus, Parisiens et quelques gardes-françaises mutinés — prend le chemin du faubourg Saint-Antoine. Ils sont certains d'y trouver des armes! Trente mille fusils, en effet, y ont été entreposés.

« La Bastille était haïe », nous dit Michelet. Cependant représentait-elle encore aux yeux du peuple le symbole du pouvoir arbitraire? Louis XVI n'y avait envoyé qu'une moyenne de dix-neuf prisonniers par an sur lesquels se trouvaient nombre de fous, de faussaires incarcérés là par protection ou de détenus enfermés à la demande de leur famille. Les prisonniers y recevaient des visites, y apportaient leurs meubles et le roi les habillait et les nourrissait royalement. On verra simplement Latude se plaindre que les poulardes de la Bastille n'étaient point copieusement lardées et exiger des robes de chambre doublées de fourrure. On s'était hâté de le satisfaire...

Pas un de ceux qui remontent la rue Saint-Antoine n'imagine ce matin-là qu'il va « prendre la Bastille ». Il y a des années que l'on a décidé de jeter bas l'inutile forteresse. On ne pense qu'au magasin d'armes et aux canons qui coiffent les grosses tours grises. Le gouverneur Jordan de Launay a décidé de ne pas défendre les bâtiments extérieurs à la forteresse. Il a fait retirer les canons des embrasures et se contente de renforcer la défense intérieure. Le garde-fou du pont-levis a été enlevé afin de pouvoir jeter plus facilement les assaillants dans le fossé. Ordre est donné de faire monter six voitures de pavés et de vieilles ferrailles en haut des

La prise de la Bastille

Dans la matinée du 14 juillet, les Parisiens, décidés à se procurer des armes pour se défendre, se dirigent vers l'hôtel des Invalides. Son gouverneur, Virot de Sombreuil, laisse croire aux manifestants qu'il va faire tirer le canon. La foule hésite et fait mine de se retirer. Mais l'artillerie reste muette. Alors l'hôtel est envahi. Le peuple quittera les lieux, ainsi que le représente cette peinture de Lallemand le Fils, nanti de 32 000 fusils et de canons.

tours, tandis que l'on descend trois canons de 8 pour mettre en batterie dans la cour intérieure, face à la porte d'entrée. M. de Launay n'est pas inquiet. Paris n'est-il pas gorgé de troupes qui viendront à son secours? Et puis, la Bastille possède trente mille livres de poudre. Deux cent cinquante barils! Si les Parisiens approchent, il suffira, pour les voir s'éloigner, de les menacer de tout faire sauter. Eux et la Bastille! Mais le gouverneur demeure persuadé de ne pas devoir en arriver là. Le peuple ne commettra point la folie d'attaquer une forteresse imprenable!

Cependant, peu à peu, la forteresse et ses dépendances sont encerclées par les assaillants, « les plus grands drôles de Paris », dira Mirabeau.

Deux anciens gardes-françaises grimpent sur le toit de l'avancée — une manière de corps de garde — précédant le premier pont-levis que Launay a fait relever et qui s'ouvre sur la cour du gouvernement. La garnison — 95 invalides et 32 soldats suisses — les laisse opérer paisiblement. A coups de hache, les deux hommes parviennent à briser les chaînes. L'énorme masse s'écroule avec fracas et la foule se rue. Launay, voyant les Parisiens armés déferler dans la cour du gouvernement a ordonné de tirer. La décharge de mousqueterie fauche les rangs. L'émeute s'arrête, s'interroge et reflue en désordre. On se penche sur les mourants, on emporte les blessés et un terrible cri monte : « Trahison! » La nouvelle se répand comme une traînée de poudre dans la ville : « La Bastille assassine les Parisiens! »

Le siège reprend vers quatre heures. Trois cents gardes-françaises, venus apporter leur aide à l'insurrection, tirent à balle contre les murailles — sans obtenir le moindre résultat. Deux canons sont alors mis en batterie dans la cour du gouvernement, face au deuxième pont-levis commandant l'entrée même de la forteresse. Dès que M. de Launay voit ces préparatifs, il semble perdre la tête et fait riposter par une seule de ses pièces chargée de mitraille. Mais au même moment, en haut des tours, les invalides lèvent la crosse de leurs fusils : ils désirent se rendre. Launay veut faire sauter la forteresse, deux invalides l'en empêchent et le gouverneur décide de capituler. Un de ses officiers — le lieutenant de Flue — à travers une fente du pont-levis, parvient à se faire entendre : « La garnison aura-t-elle les honneurs de la guerre ? » On lui crie : « Non ! Non ! » Launay écrit alors ce billet : « *Nous avons vingt milliers de poudre ; nous ferons sauter le quartier et la garnison si vous n'acceptez pas la capitulation. De Launay. De la Bastille, cinq heures du soir, 14 juillet 1789.* » En équilibre sur une planche tendue à travers le fossé, Maillard — un clerc d'huissier que l'on retrouvera au mois d'octobre menant à Versailles l'émeute devenue révolution — se saisit du billet et va le porter à « l'état-major » des assaillants : formé de Hulin et d'Élie — officiers au régiment de *Reine-Infanterie*. Ceux-ci donnent leur parole : il ne sera fait aucun mal aux défenseurs. « Je fus très surpris, racontera le lieutenant de Flue, un instant après quand je vis quatre invalides qui s'approchaient du portail, l'ouvraient et baissaient le pont-levis. »

Les assaillants se ruent à l'intérieur. Quelques secondes plus tard, c'est le massacre. On tue les officiers, on pend des invalides et des Suisses. On traîne le gouverneur de Launay vers l'Hôtel de Ville. Il sera massacré en chemin, puis l'on va assassiner à l'Hôtel de Ville le prévôt des marchands, Flesselles.

La journée s'achèvera en saturnale. On promène à travers la ville les têtes coupées et des paquets d'entrailles sanglantes. Rivarol dira : « C'est à quoi se réduit cette prise de la Bastille tant célébrée par la populace parisienne. Peu de risques, beaucoup d'atrocités de leur part, et une lourde imprévoyance de la part de M. de Launay; voilà tout : ce ne fut, en un mot, qu'une *prise de possession.* »

Que devenaient, pendant ce temps, les « victimes du despotisme » ? On ne pensa à elles que le soir venu. On dut forcer la porte des cachots, car les vainqueurs étaient

La légende prend son vol... Le dessin ci-dessus, évoque l'un des cachots — purement imaginaire — de la Bastille. On y voit des prisonniers enchaînés vivant parmi une vermine allant des rats aux serpents. Ci-dessous, le duc de La Rochefoucauld-Liancourt fait à Louis XVI le récit des terribles événements de ce 14 juillet.

en train de promener triomphalement les clefs de marchand de vin en marchand de vin. On découvrit sept prisonniers : deux fous qu'on se hâta d'expédier à Charenton, quatre faussaires et le comte de Solanges, enfermé pour inceste, coupable, selon son oncle, « de crimes atroces ». C'était peu brillant! On étoffa le lot en y joignant un comte de Lorges, « vieillard, héros et martyr »... qui n'avait jamais existé! Ce qui n'empêcha pas Michelet de nous décrire sa barbe tombant « jusqu'à la ceinture ».

Et à Versailles? Ce soir-là, le roi s'était couché après avoir écrit dans son carnet : « 14, *rien.* » Pourtant, cet après-midi-là, une députation de l'assemblée était venue à nouveau lui demander, afin de calmer Paris, le retrait des troupes qui campaient au Champ-de-Mars. Il avait accepté. Que risquait-il? Versailles et la banlieue parisienne regorgent de soldats! Les gardes du corps sont bottés depuis deux jours! La députation lui avait également annoncé que les Parisiens marchaient sur la Bastille. Eh bien! Elle se défendrait! M. de Launay n'avait-il pas des canons? A la première décharge les assaillants disparaîtraient! Demain on se rendra à l'assemblée et on dissoudra les états. Le roi s'endort paisiblement... Soudain, il est réveillé en sursaut. Le grand-maître de sa garde-robe — le duc de La Rochefoucauld-Liancourt — est là, à son chevet. Et c'est le célèbre dialogue :

— Sire, la Bastille est prise.

— Prise? demande Louis XVI mal réveillé.

— Oui, Sire, par le peuple. Le gouverneur a été assassiné. On porte sa tête sur une pique par toute la ville.

— Mais c'est une révolte?

— Non, Sire, c'est une révolution!

Dans l'après-midi du 14 juillet, la Bastille, à son tour, est encerclée. Son gouverneur, le marquis
L'émeute reflue alors en désordre. Durant quelques heures, la situation n'évolue guère. Tout chan
a raison de la résistance du gouverneur qui accepte de se rendre.

nay, tente de défendre l'accès à la forteresse et ordonne de tirer lorsque les assaillants déferlent dans la cour dite du gouvernement. endant lorsque trois cents gardes-françaises déserteurs arrivent, vers quatre heures du soir, nantis de canons. Ce déploiement de forces

15 juillet

L'assemblée prépare une protestation au roi contre les agissements de la duchesse de Polignac et de ses amis qui ont offert à boire aux régiments allemands casernés à l'Orangerie de Versailles.

On annonce l'arrivée du roi qui, une nouvelle fois, a changé d'avis. Il fait part aux députés de sa décision de retirer toutes ses troupes. De son cœur monte une phrase qui va déclencher l'enthousiasme : « C'est moi qui ne suis qu'un avec la nation, c'est moi qui me fie à vous... » C'est du délire.

Bailly demande ensuite au roi que l'assemblée puisse correspondre avec lui sans l'intermédiaire d'un ministre et Louis XVI accepte.

En se tenant par la main, les députés raccompagnent le roi qui regagne lentement le château à pied. La foule, qui s'est amassée, suit en criant : « Vive le roi ! » Les cours du château sont remplies d'une foule immense qui réclame au balcon le roi, la reine et le nouveau dauphin.

Le soir même, à la demande du roi, les Polignac, fort menacés, quittent la France.

Tandis que l'on commence à démolir la Bastille, une députation de l'assemblée se rend à Paris pour remercier la ville de son action. Les Parisiens acclament les députés et nomment Bailly maire de Paris et La Fayette commandant général de la milice parisienne. Les vivres n'en manquent pas moins et les prix du blé et du pain atteignent ce jour-là leur cours le plus haut depuis le début du siècle. Le seigle et le sarrasin, c'est-à-dire le pain des pauvres, augmentent le plus. Dans le Midi la hausse atteint seulement 25 %, mais dépasse 100 % dans le nord-est de la France.

Dès le 17 juillet, les premiers émigrants quittent la France. Une aquatinte anonyme a représenté ainsi ceux qu'elle nomme les premiers fuyards de la Révolution : Nº 1. Mme de Polignac, 2. le comte d'Artois, 3. le prince de Condé, 4. le baron de Breteuil, 5. le prince de Lambesc, 6 et 7, deux autres personnages de la cour.

A droite, la démolition de la Bastille, par Demachy. C'est le soir même de la prise

16 juillet

La séance du Conseil a lieu à six heures du matin et s'oppose à un projet de fuite du roi vers Metz. Louis XVI regrettera plus tard cette occasion perdue. Le roi n'a maintenant plus qu'une solution : rappeler Necker.

nuit du 16 au 17 juillet

L'émigration commence. Les plus grandes familles de la cour suivent le comte d'Artois et ses fils qui ont pris peur en apprenant le rappel de Necker, et, sur l'ordre du roi, quittent la France à leur tour.

17 juillet

L'assemblée et Paris demandent au roi d'aller rendre visite à sa « bonne ville ». Louis XVI accepte. Après avoir communié et nommé le comte de Provence lieutenant général du royaume « au cas où il ne reviendrait pas », il part vers Paris comme s'il marchait au supplice. « Le chemin, a raconté Bailly, était bordé des deux côtés par une haie de garde nationale armée de fusils, d'épées, de lances, de faux, de bâtons; on y voyait des femmes, des moines, des capucins le fusil sur l'épaule ! »

A son arrivée devant l'Hôtel de Ville, Bailly présente au roi une cocarde tricolore. Le roi la prend et la met à son chapeau, puis il monte les escaliers et va s'asseoir sur le trône qui a été installé pour lui dans la grande salle. « La meilleure manière de me prouver votre attachement est de rétablir la tranquillité », déclare le roi. Puis s'adressant à la foule qui remplit la salle : « Vous pouvez toujours compter

de la forteresse que tombent les premières pierres du « monument de la tyrannie ». Les démolisseurs sont des volontaires, mais aussi, dès le lendemain, des ouvriers de l'entreprise Palloy. Afin de perpétuer en province « l'horreur du despotisme », le « patriote Palloy fera tailler dans les pierres de la forteresse quatre-vingt-trois petites bastilles qu'il enverra aux principales municipalités. La démolition du vieil édifice sera achevée l'année suivante et l'on dansera sur son emplacement.

sur mon amour! » Il parut ensuite à la fenêtre et ce fut pendant une demi-heure des acclamations extraordinaires. « Ainsi finit une amende honorable, dira un témoin britannique, telle qu'un souverain n'en avait jamais faite, ni aucun peuple reçue. »

fin juillet

L'Ancien Régime s'effondre. Dans les villes de province l'agitation commence dès le renvoi de Necker et augmente de violence à la nouvelle de la prise de la Bastille. Depuis Louis XV, les villes ont perdu presque toutes leurs libertés. Seules les cités les plus riches ont pu racheter les charges créées par le roi et élire leur corps municipal. Dès le mois de juillet 89, elles veulent redevenir des « communes » et s'administrer librement.

Comment manifester leur désir? En général par une émeute provoquée par la cherté du pain et par la disette. Un comité provisoire se forme qui, peu à peu, seconde ou même supplante la municipalité nommée par le roi. La création de gardes bourgeoises, seules capables de maintenir l'ordre, suit. On les arme facilement puisque les arsenaux sont pillés. Et l'anarchie est évitée... Dans les campagnes, les esprits sont tout aussi échauffés, et font naître la « grande peur », une panique qui, bien des années après la Révolution, laissera un terrible souvenir. Le coup de fusil d'un chasseur ou la poussière soulevée par le cheval d'un voyageur fait croire à l'arrivée de brigands qui, affirme-t-on, pillent et massacrent tout sur leur passage. Aussitôt le tocsin sonne, les hommes s'arment, les femmes fuient. La panique se propage dans toute la France plus ou moins lentement suivant la distance, l'état des routes ou le relief du sol, elle n'atteindra, par exemple, Toulouse, que le 2 août. Peu à peu la peur transforme ces prétendus brigands en ennemis de la Révolution, en aristocrates ou en étrangers. Dans l'Est, le bruit court, par exemple, que le comte d'Artois revient en France avec une armée de seize mille hommes. « La nouvelle commentée à la table d'hôte, nous dit un voyageur — l'Anglais Young — est curieuse : la reine avait formé un complot, qui était sur le point de réussir; elle voulait faire sauter l'assemblée sur une mine, et, au même moment, faire donner l'armée pour massacrer tout Paris. Un officier français qui se trouvait là émit des doutes sur la vérité de cette nouvelle mais sa voix fut aussitôt couverte par les protestations de tous les autres. Un député l'avait écrit; ils avaient vu la lettre, aucun doute n'était possible... »

Comment s'informer? Ce n'est pas là chose aisée.

« Pour lire les journaux, rapporte encore Young, je suis allé au café de Mme Bourgeau, le meilleur de la ville (de Moulins); j'y trouvai vingt tables, à la disposition des buveurs, mais, pour ce qui est d'un journal, j'aurais pu tout aussi bien demander un éléphant! »

Bien sûr, les brigands n'apparaissent pas et l'on s'en prend au régime seigneurial, aux accapareurs de vivres, à tous ceux qui exploitent le peuple et le pressurent. Cette folie contagieuse fait croire à tous et même à l'Assemblée nationale qu'il existe un plan concerté par les ennemis de la nation.

Tout le monde est d'accord, aujourd'hui : « Il s'agissait d'un phénomène d'anarchie spontanée », selon l'expression de Taine, créé en partie par la crainte d'un retour à l'Ancien Régime et l'épouvante devant l'écroulement d'une société.

23 juillet

A Paris la foule pend sur la place de l'Hôtel de Ville Foulon, adjoint au ministère de la Guerre. Son gendre, Bertier, intendant de Paris, est lui aussi massacré et son cœur jeté sur le bureau de l'Hôtel de Ville.

25 juillet

Les soixante districts de la capitale élisent les membres de la Commune de Paris. Ces bourgeois se montreront favorables à l'ordre et contraires à une égalité absolue. Ils ne pourront qu'entrer en conflit avec les districts plus populaires.

28 juillet

Voulant éviter les excès, l'assemblée constitue un « comité de recherches » chargé de surveiller les contre-révolutionnaires, afin que partout l'action légale remplace l'action populaire.

30-31 juillet

Les gardes-françaises avec armes et bagages abandonnent Versailles pour Paris.

3 août

Au club breton, le duc d'Aiguillon, un des plus riches seigneurs de France, propose le rachat des droits seigneuriaux. Il est très applaudi. Ceux qui sont présents estiment que ce serait là, suivant leurs propres termes, « une opération magique ».

nuit du 4 août

A la séance de l'assemblée, le vicomte de Noailles propose l'égalité devant l'impôt, l'abolition des droits féodaux, la suppression des corvées et des servitudes. Les surenchères commencent. Et chacun sacrifie allégrement le bien de son voisin. L'évêque Lubersac propose la suppression du droit exclusif de chasse. « L'évêque nous ôte la chasse, murmure le duc du Châtelet, Nemrod fameux, je vais lui ôter ses dîmes... » On abolit les colombiers, les garennes, les banalités, les juridictions seigneuriales et le peu qui reste encore du servage. « A ce moment, écrit un témoin, l'assemblée offre l'aspect d'une troupe de gens ivres placés dans un magasin de meubles précieux, qui cassent et brisent à l'envi tout ce qui se trouve sous leurs mains. » Les privilèges les plus incroyables, les faits les plus grotesques sont pris au sérieux par l'assemblée crédule. A trois heures du matin, la vieille France s'est effondrée. Après cette nuit de délire, l'armature même du pays est à terre.

du 5 au 11 août

Non sans mal, on essaye de transformer les décisions de la nuit du 4 août en arrêtés.

Les problèmes sont si complexes, l'enchevêtrement des lois et usages est tel que l'accord se fait aussitôt moins unanime.

La suppression des droits féodaux et celle des dîmes n'en sont pas moins maintenues. Puis la vénalité

Après avoir supporté, par l'impôt, la lourde charge de la société, le tiers état prend enfin sa revanche, symbolisée par cette gravure satirique qui fait dire à un paysan : « J'savois ben qu'j'aurions not' tour. » Porté par la Noblesse et le Clergé, ce paysan applaudit à l'impôt territorial devenu effectif, à l'Égalité et à la Fraternité qui nivellent les classes en apportant le « soulagement du peuple », ainsi que l'affirment les billets.

Voici, gravée par Helman, la séance dite de la « nuit du 4 août » 1789 au cours de laquelle, dans une « flambée d'enthousiasme », l'Assemblée nationale proclame « l'abandon de tous les privilèges ». Cette soirée historique, qui se déroule dans la salle des Menus-Plaisirs, est ouverte par un cadet sans fortune, le vicomte de Noailles. De cette « folle nuit » sortira la fameuse « Déclaration des droits de l'homme ».

des offices de judicature est abolie. Désormais la justice sera rendue gratuitement. Dans le domaine ecclésiastique, les annates sont supprimées. C'était là un droit que le pape possédait depuis 1516.

10 août

Cependant, le roi demeure encore complètement associé à l'œuvre de l'assemblée. On frappe une médaille à *Louis XVI restaurateur de la liberté française.* Toujours au nom du roi, l'assemblée émet un décret pour rétablir l'ordre dans le royaume : les municipalités pourront avoir recours à l'armée pour maintenir le calme. Les troupes devront prêter serment au roi et à l'assemblée. Pour la première fois, Louis XVI partage le pouvoir absolu qu'il possède sur l'armée.

12 août

L'assemblée crée un « comité ecclésiastique » comprenant de nombreux laïcs très avancés, chargé de présenter un rapport sur la réforme religieuse.

26 août

Déjà, depuis près de deux mois, l'assemblée pense à faire une déclaration à l'exemple de celle des Américains. Il s'agit d'une *Déclaration des droits de l'homme et du citoyen.* Plusieurs projets ont été déposés. Le plus clair, le plus humain, celui conçu par un groupe présidé par l'archevêque de Bordeaux, Champion de Cicé, est retenu.

Le premier de ces *Droits* est la liberté. On y ajoute celui de la sécurité (plus d'emprisonnement arbitraire, ni de lettres de cachet) et celui de la résistance à l'oppression (ce qui justifie le 14 juillet). De plus — et c'est là un point capital — tout homme sera présumé innocent et traité comme tel, jusqu'à ce qu'il soit déclaré coupable.

Pour la religion, ce n'est pas la liberté de croire, comme auraient voulu certains — Mirabeau, Robespierre — mais plutôt une tolérance.

Enfin, la *Déclaration* prévoit l'égalité politique, sociale et fiscale, ainsi que la souveraineté qui réside dans la nation. C'est la consécration politique de ce qui s'est déroulé le 17 juin et le 14 juillet.

Il est à remarquer que la déclaration passe sous silence certains droits tels que le droit de réunion ou celui de la liberté complète de la presse, mais ce n'en est pas moins un acte courageux. Cependant, le texte présente certaines contradictions. Comment concilier, en effet, le droit de propriété et l'abolition du régime seigneurial ?

29 août

La scission entre les deux partis de l'assemblée est définitive : les négociations de La Fayette ont échoué.

30 et 31 août

Agitation au Palais-Royal. Les patriotes parisiens envoient une motion à l'assemblée : le roi et le dauphin doivent venir habiter Paris. Si le roi devait obtenir le droit absolu de veto, quinze mille hommes marcheraient sur Versailles pour nommer d'autres représentants de la nation.

31 août

Devant cette agitation, les modérés — qui pour la plupart sont des provinciaux et détestent Paris — demandent qu'en cas de danger l'assemblée soit transférée à Compiègne ou à Soissons.

septembre

Décret instituant les « contributions patriotiques » : ces dons débutent fort joliment. Des « dames de peintres » viennent offrir leurs bijoux à l'Assemblée. Parmi elles, Mmes Fragonard, David, Vernet et Gérard. « Elles étaient en robe blanche, sans parure, sans faste, mais ornées de cette belle simplicité qui caractérise la vertu... » C'est le *Moniteur* qui parle. Bientôt les dons s'amoncellent, et l'on voit même une petite fille offrir les meubles en or de sa poupée... En dépit de cette unanime bonne volonté, les dons patriotiques ne rapportent qu'une douzaine de nos millions actuels.

L'approvisionnement de Paris demeure toujours aussi difficile et devant les boulangeries des queues interminables s'allongent. Partout on renvoie des ouvriers, on congédie l'armée de domestiques.

1er septembre

Le Conseil se réunit pour discuter du départ de l'Assemblée en province, transfert auquel les ministres se montrent très favorables. Le roi étant revenu, ce jour-là, fort tard et très fatigué de la chasse, il dort ou feint de dormir et ne se réveille que pour dire non.

2 septembre

Le parti patriotique, appuyé par Necker, propose un compromis : le roi sanctionnerait les arrêts du 4 août et recevrait un droit de veto suspensif, pour la durée de deux législatures.

9 septembre

L'Assemblée décide que le pouvoir législatif sera donné à une Chambre élue pour deux ans.

11 septembre

Échec pour le parti révolutionnaire : le veto suspensif est voté.

12 septembre

Les députés patriotes demandent que le roi sanctionne les arrêtés du 4 août.

14 septembre

Craignant que son refus de sanction ne provoque une émeute, le roi fait venir de Douai à Versailles le régiment de Flandre. On donne comme prétexte le rétablissement de l'ordre dans la région : les émeutes dues à la disette sont très nombreuses. Il est par ailleurs certain que, après la désertion des gardes-françaises, la cour se trouve isolée.

18 septembre

Dans sa réponse, le roi discute certains arrêtés. En fait, il n'accepte que ceux concernant les servitudes personnelles. Pour lui, il s'agit avant tout de gagner du temps en attendant l'arrivée du régiment de Flandre.

21 septembre

L'assemblée lui ayant de très nombreuses fois demandé de nouveau de sanctionner les arrêtés, le roi finit par déclarer qu'il ne les promulguera pas, mais qu'il en autorisera la publication. L'assemblée ne voit là guère de différence et applaudit.

22 septembre

A l'annonce de l'arrivée du régiment de Flandre, tout Paris entre en mouvement. La Commune elle-même se montre inquiète. Marat, dans son journal, réclame la dissolution de l'assemblée. Certains autres journaux demandent que le roi et la reine viennent passer l'hiver à Paris.

23 septembre

Les onze cents hommes du régiment de Flandre entrent dans Versailles. « L'attirail de guerre qui accompagne la marche des troupes de ligne, nous dit le marquis de Ferrières, épouvante les habitants de Versailles. Deux canons, quelques caissons de cartouches, leur parurent un amas immense de munitions. » Pourtant, tout est encore tranquille... L'orage éclatera à cause de l'imprudence de certains exaltés de la cour.

29 septembre

Le comité chargé de préparer la Constitution propose de donner le droit de vote à ceux qui paieraient un impôt direct égal à trois journées de travail : ce seraient les « citoyens actifs », et les autres, « citoyens passifs », ne voteraient pas. Seraient éligibles ceux qui paieraient un impôt de dix journées de travail, et exclus du droit de vote, les Juifs, les valets, les banqueroutiers et les débiteurs insolvables.

Robespierre — c'est là une de ses premières interventions — s'insurge violemment contre ce projet et demande le suffrage universel, tandis que l'abbé Grégoire s'indigne que l'argent devienne la base de la puissance politique. Néanmoins, l'assemblée vote le projet du comité. De plus, il est précisé que pour être élu à l'Assemblée nationale il faudra posséder une quelconque propriété foncière et payer cinquante journées de travail ou une demi-livre. Ce système censitaire déchaîne un concert de protestations. Camille Desmoulins s'exclame : « Pour faire sentir toute l'absurdité de ce décret, il suffit de dire que Jean-Jacques Rousseau, Corneille et Gabriel de Mably (le philosophe) n'auraient pas été éligibles. »

Marat est encore plus menaçant : « Pères de la patrie... tremblez qu'en nous refusant le droit de citoyen en raison de notre pauvreté nous ne le recouvrions en vous enlevant le superflu. »

Pour expliquer l'attitude de l'assemblée, il faut préciser que celle-ci, dont la majorité est assez bourgeoise et formée de gens cultivés, répugne à donner le droit de vote à des illettrés et craint que cette masse ne soit embrigadée par les réactionnaires.

1er octobre

Les officiers de la garnison de Versailles offrent à leurs camarades du régiment de Flandre un banquet dans la salle de l'opéra du château. Les convives ont fait honneur aux vins et au repas et, dès son apparition, la famille royale est acclamée. L'orchestre joue : « *O Richard, O mon roi* », de Grétry, et tous reprennent :

O Richard, ô mon Roi,
L'univers t'abandonne,
Sur la terre il n'est donc que moi
Qui m'intéresse à ta personne.

Les acclamations redoublent à un tel point que la famille royale descend sur la scène.

Peut-être certains jeunes gens de la garde nationale de Versailles ont-ils retourné leur cocarde tricolore et arboré ainsi la couleur blanche portée par le régiment de Flandre? Peut-être aussi a-t-on offert des cocardes blanches à certains convives qui les ont acceptées. Peut-être encore, fort avant dans la soirée, quelques jeunes gens émoustillés par la boisson ont-ils crié : *A bas l'assemblée!* sous les fenêtres de la reine? On l'affirmera...

2 octobre

Parlant à l'assemblée du banquet de la veille, Duport évoque une « orgie insensée dont la prudence s'effraie et dont la misère murmure ».

3 octobre

Les gazetiers de Paris transforment le banquet en orgie. Ils prétendent que, chancelant d'ivresse, les convives ont foulé au pied la cocarde tricolore. Un banquet! Alors que Paris manque de pain! « Peuple insensé, écrit un pamphlétaire, ouvre enfin les yeux, sors de ta léthargie! » Les réactions sont aussi violentes que pour le renvoi de Necker. Dans *l'Ami du Peuple* on peut lire : « Tous les citoyens doivent s'assembler en armes, envoyer un nombreux détachement pour enlever toutes les poudres d'Essonne; chaque district doit retirer ses canons de l'Hôtel de Ville. » Les districts se réunissent. Celui des Cordeliers, que préside Danton, demande le port obligatoire de la cocarde et l'arrestation de tous ceux qui refuseraient de la porter. Il exige aussi le renvoi du régiment de Flandre.

4 octobre

Les dames de la cour distribuent des cocardes blanches aux gardes nationaux et donnent leur main à baiser à ceux qui acceptent de porter l'insigne royaliste.

Agitation au Palais-Royal et sur les boulevards. On ne parle que de « l'outrage fait à la nation ». De nombreuses femmes, surtout de la petite bourgeoisie commerçante, demandent du pain et parlent d'aller le réclamer au roi lui-même. Des gazetiers ont affirmé qu'on stockait des farines à Versailles. Les gardes nationaux gagnés à la cause dispersent les attroupements à contrecœur. On a pu entendre ce jour-là quelques cris de : *Mort à la reine!*

5 octobre

A Paris, toute la nuit le tocsin a sonné comme pour empêcher la ville de s'endormir. Dès six heures du matin, on peut voir dans le quartier de Saint-Eustache une petite fille s'emparer d'un tambour et commencer à battre en poussant des cris. Peu à peu des femmes s'amassent et le cortège part pour l'Hôtel de Ville. Tout en marchant gaiement elles forcent les femmes qu'elles rencontrent à les suivre : « Venez! Nous partons pour Versailles! » Les femmes n'ont qu'un cri à la bouche : « A Versailles! A Versailles ! » Bientôt, dirigées par le commis aux écritures Maillard, cinq à six mille femmes sont réunies et prennent la route de Versailles. Mais la pluie commence à tomber. Crottées et trempées, les femmes interpellent les passants : « Voyez comme nous sommes arrangées, mais la bougresse nous le payera cher! » Certaines aiguisent d'énormes couteaux de cuisine contre les bornes de la route en criant : « Comme je serais heureuse si je pouvais lui ouvrir le ventre avec ce couteau et lui arracher le cœur en lui fourrant le bras jusqu'au coude! »

A Versailles, arrivés devant l'hôtel des Menus-Plaisirs où siège l'Assemblée, Maillard et une délégation de femmes reçoivent l'autorisation d'entrer dans la salle des séances. « Le peuple manque de pain, déclare le chef des Parisiennes à la tribune, il est au désespoir; il a le bras levé et se portera sûrement à quelque excès. Nous demandons la permission de fouiller dans les maisons suspectées de renfermer des farines. C'est à l'Assemblée à épargner l'effusion de sang; mais l'Assemblée renferme dans son sein des ennemis du peuple, ils sont cause de la famine. Des hommes pervers donnent de l'argent et des billets de caisse aux meuniers afin de les engager à ne pas moudre.»

Les gardes du corps, le régiment de Flandre et deux cents hommes de la garde nationale de Versailles se rangent en bataille sur la place d'Armes. Pas une cartouche n'a été distribuée... Derrière ce rideau de troupes, le château est en effervescence. Le roi tient conseil chez la reine. Que faire? Le capitaine des gardes vient demander des ordres. « Eh! Quoi, pour des femmes! Vous vous moquez! » Pourquoi le roi ne partirait-il pas? Mais on ne parvient pas à prendre une décision et Louis XVI accepte de recevoir quelques femmes à qui il remet ce billet qui sera lu tout à l'heure à la tribune : « *Je suis sensiblement touché de l'insuffisance de l'approvisionnement de Paris. Je continuerai à seconder le zèle et les efforts de la municipalité par tous les moyens et toutes les ressources qui sont en mon pouvoir et j'ai donné l'ordre le plus positif pour la circulation libre des grains sur toutes les routes et le transport de ceux qui sont destinés à ma bonne ville de Paris.* »

Lorsqu'on apprend que trente mille hommes de la garde nationale de Paris ont pris la route de Versailles avec La Fayette, il est à nouveau question de se replier sur Rambouillet et même la Normandie. Mais il est trop tard! Ce qui était possible à 4 heures ne l'est plus à 8! La foule empêche les voitures de sortir des écuries. Il faudrait employer la force... le roi s'y refuse.

6 octobre

Mouillés comme des canards, barbotant, trébuchant dans la boue, l'armée des Parisiens arrive à minuit et demi. La Fayette laisse ses hommes sur la place d'Armes et pénètre au château. Le général semble toujours jouer une scène destinée à l'imagerie d'Épinal. Avec un joli mouvement de bras, il s'exclame : « Je viens, Sire, vous apporter ma tête pour sauver celle de Votre Majesté; si mon sang doit couler, que ce soit pour le service de mon roi, plutôt qu'à l'ignoble lueur des flambeaux de la Grève. »

La Fayette demande alors au roi que les anciens gardes-françaises reprennent les postes qu'ils avaient désertés un mois auparavant et que la garde du château leur soit confiée. Louis XVI — seconde abdication de la soirée — accepte, « se reposant de *tout* sur un général qui n'était sûr de *rien* », selon le mot de Rivarol.

Tous vont se coucher. Mais à six heures du matin, le peuple envahit le château. Marie-Antoinette, réveillée en sursaut, entend l'immense clameur de la foule cherchant l'entrée de son appartement. Elle devine : « Tue! Tue!... Point de quartier!... A mort!... Il nous faut

Le 5 octobre 1789, un groupe de femmes assemblées devant l'hôtel de ville pour réclamer du pain décident de gagner Versailles. Tout au long du chemin leur cortège grossit. Le lendemain à l'aube, le peuple envahit le château. Manquant de peu d'être massacrée, la reine parvient à s'enfuir de sa chambre et se réfugie dans les appartements du roi (ci-dessous).

Escortés d'une foule composée de femmes et de gardes nationaux, le roi et sa famille sont ramenés à Paris le 6 octobre 1789. Ce dessin, exé-

cuté par un Anglais de passage à Paris, nous montre le cortège de la royauté prisonnière traversant la place Louis-XV, future place de la Concorde. Le roi et la reine, qui tient sur ses genoux le petit dauphin, sont assis au fond de la voiture. En face d'eux ont pris place Madame Élisabeth et la gouvernante des enfants de France, Mme de Tourzel, qui tient dans ses bras la petite Madame Royale. Autour du carrosse, la foule danse joyeusement. La Révolution semble terminée et la famine paraît s'éloigner.

le cœur de la reine!... » Marie-Antoinette parvient à fuir et va se réfugier près du roi, tandis que les gardes-françaises chargent et dégagent le château. De la foule qui s'est massée dans la cour de Marbre et la cour Royale, un cri revient sans cesse : « Vive le duc d'Orléans! » Le futur Égalité arrivera à Versailles lorsque tout sera terminé, mais aussi bien pour le peuple que pour la famille royale — et pour bien des historiens... — c'est lui qui a tout voulu, tout conçu, tout organisé. Certains prétendront même l'avoir vu, en haut de l'escalier de Marbre, montrer aux assaillants le chemin de l'appartement de la reine! A cette heure-là, il se trouvait encore au Palais-Royal!

La reine doit paraître au balcon. Elle salue la foule et sa crânerie désarme ceux qui, déjà, de leur fusil, visaient la souveraine. A dix reprises le roi revient sur le balcon avec La Fayette. Non sans mal, ils obtiennent un moment de silence : « Mes amis, crie le roi d'une voix forte, j'irai à Paris avec ma femme et mes enfants; c'est à l'amour de mes bons et fidèles sujets que je confie ce que j'ai de plus précieux. » Une longue acclamation salue la promesse.

A 1 heure 25 — première étape vers l'échafaud — le cortège de la royauté déchue quitte Versailles pour toujours, précédé d'une avant-garde portant les têtes sanglantes de deux gardes du corps massacrés à l'entrée de l'appartement de la reine, au moment de l'envahissement du château. Autour de la voiture, des femmes dansent des rondes en criant : « Nous ramenons le boulanger, la boulangère et le petit mitron. Ils nous donneront du pain ou ils verront! »

A la barrière de Chaillot — il fait nuit noire — le maire Bailly, correct et froid, présente au roi sur un plat d'or les clefs de la ville et déclare sans la moindre ironie : « Quel beau jour, Sire, que celui où les Parisiens vont posséder Votre Majesté et sa famille! » Un bataillon de moines mendiants, franciscains, récollets, capucins, picpusiens, armés tant bien que mal, rend les honneurs. Louis XVI détourne la tête et « essuie furtivement une larme ».

Mais le « beau jour n'est pas fini »! Avant de se rendre aux Tuileries où la famille royale va s'installer, La Fayette entraîne « ses prisonniers » vers l'Hôtel de Ville où la foule les acclame. Il ne s'agit plus ici de l'escorte « avinée », — c'était là son excuse — mais du vrai peuple de Paris tout heureux de pouvoir crier : « Vive le roi! Vive la reine! Vive le dauphin! Vivent nous tous! » Sur la place on pleure de joie. Assurément en se mettant au lit, tous les Parisiens durent penser ce soir-là que la révolution était terminée.

Elle commençait à peine.

LES DERNIERS PAS ET FAUX PAS DE L'ANCIEN RÉGIME

Une séance à l'Assemblée nationale. A la suite des journées des 5 et 6 octobre 1789, l'Assemblée abandonne la salle des Menus-Plaisirs de Versailles pour venir siéger à Paris. Dès lors, ses réunions ont lieu dans la salle du Manège située sur la terrasse des Tuileries. Les spectateurs, comme on peut le voir sur cette gravure de M. de Launay, sont admis librement dans les tribunes d'où ils peuvent assister aux débats de l'Assemblée. Celle-ci est formée de trois groupes : les aristocrates, *monarchistes intransigeants, qui siègent à droite, les* monarchiens, *ou modérés, au centre, et les* patriotes constitutionnels, *composés des représentants du tiers état, des membres de la noblesse libérale et du bas clergé, à gauche. Le graveur a représenté ici la séance du 4 février 1790 au cours de laquelle Louis XVI prononça cette phrase qui déchaîna l'enthousiasme dans les tribunes : « Dites au peuple que le roi a besoin d'en être aimé. »*

7 octobre

« C'est une fête pour les Parisiens de posséder enfin le roi », écrit Marat. Le roi et la reine se montrent au balcon des Tuileries et sont acclamés. « En oubliant où nous sommes et comment nous y sommes arrivés, écrit Marie-Antoinette à Mercy, nous devons être contents du mouvement du peuple, surtout ce matin. J'espère, si le pain ne manque pas, que beaucoup de choses se remettront. Je parle au peuple : milice, poissardes, tous me tendent la main, je la leur donne... »

La cour accuse le duc d'Orléans d'avoir fomenté l'émeute. « J'ai été personnellement lié avec le duc d'Orléans, rapportera Rœderer, et je crois que s'il y a eu une conspiration d'Orléans il n'en était pas... » La Fayette se transforme alors en « maire du palais ». Il décide de devenir l'arbitre de la situation, de protéger le roi et de pratiquer une politique énergique. La première mesure n'est-elle pas d'éloigner celui qui, par la faute d'ailleurs du roi, est considéré comme l'ennemi acharné de la monarchie? Le trésorier de la Révolution? Et par le fait même, le rival de La Fayette? Le général parle au duc d'Orléans d'une véritable ambassade que le roi pourrait lui confier outre-Manche. S'il reste en France, on lui fait craindre le pire et le futur Philippe Égalité prend peur et demande ses passeports.

8 octobre

Première réforme judiciaire de l'Assemblée. Désormais la défense de l'accusé sera beaucoup mieux organisée. Il jouira de plusieurs garanties, telle la présence de deux citoyens qui pourraient être nommés par la municipalité afin d'assister à l'information et d'entendre les témoins. Pour prononcer une condamnation à mort, il faudra désormais une majorité des quatre cinquièmes parmi les juges. Enfin, quelques mois plus tard, on instituera le jury. C'était là un immense progrès.

12 octobre

Paris a encore peur de la disette. On fait queue aux portes des boulangeries. Nombreux sont les ouvriers en chômage. Des attroupements se forment çà et là. Afin d'éviter des émeutes et de maintenir l'ordre, la Commune exige de la garde nationale un service régulier et punit ceux qui contribueraient à soulever le peuple. Elle interdit aux colporteurs de crier les imprimés et décrète Marat de prise de corps parce qu'il a attaqué Necker dans son journal.

L'Assemblée vote son transfert à Paris. Elle siégera désormais au manège des Tuileries.

14 octobre

Le duc d'Orléans part pour l'Angleterre avec Laclos. Mirabeau est écœuré : « Il est lâche comme un laquais... Il ne mérite pas la peine qu'on s'est donnée pour lui... Qu'on ne me parle plus de ce misérable! »

La fuite du duc d'Orléans donne raison à ses ennemis, le perd dans l'esprit de ses amis et le fait descendre du piédestal où le peuple de Paris l'avait placé.

Mirabeau intrigue. A ses créanciers qui le harcèlent, il répond : « Repassez quand je serai ministre. » Il remet un mémoire au comte de Provence contenant son plan de gouvernement. Voulant supplanter Necker, il s'efforce de le discréditer en le traitant d'égoïste et de médiocre.

Il propose que le roi se retire dans l'une de ses provinces de l'Ouest, à Rouen, par exemple. De là, il veillerait à l'abondant ravitaillement de Paris et deviendrait ainsi le chef modérateur de la Révolution. Louis XVI a-t-il eu connaissance de ce mémoire? On ne sait...

20 octobre

Des partisans attaquent un convoi de grains.

21 octobre

Dans le quartier de Notre-Dame, une femme pénètre dans l'arrière-boutique d'une boulangerie et découvre quatre pains rassis destinés aux commis : elle sort et ameute la foule en hurlant que le boulanger — il se nommait François — dissimule une partie de sa fournée. Des officiers du district conduisent le malheureux à l'Hôtel de Ville, mais la foule surexcitée s'empare de lui et le traîne sur la place de Grève. Là on le pend à la lanterne.

Pour combattre le danger d'anarchie, la loi martiale est votée pour toute la France. L'apparition d'un drapeau rouge dans la foule sera considérée comme criminelle et l'attroupement dissipé par la force.

Après trois sommations, la garde nationale fera feu. Dans l'ensemble — Marat excepté — la loi est bien accueillie par les journaux patriotes : ils en reconnaissent tous la nécessité.

octobre

Le plus important des clubs patriotiques, celui des *Amis de la Constitution*, se fixe rue Saint-Honoré, au couvent des Jacobins. En un an, cent cinquante-deux groupements de province seront affiliés à celui que l'on ne nommera plus autrement que le « club des Jacobins ».

novembre

Un membre de la Société des Amis des Noirs, fondée en 1788 et dirigée par Condorcet, propose à l'Assemblée l'abolition de l'esclavage. A cette nouvelle, de nombreux esclaves de la Martinique se révolteront. Les grands colons, les commerçants, les armateurs, tous ceux qui ont des intérêts outre-mer, protestent auprès de l'Assemblée. A l'Assemblée, les députés se montrent très divisés. Certains affirment que la mesure serait la ruine des colonies... Les discussions se prolongent jusqu'au mois de mars.

2 novembre

L'Assemblée décide que les biens ecclésiastiques seront mis à la disposition de la nation. L'État pourvoira désormais d'une manière convenable aux frais du culte et à l'entretien du clergé, si bien que le décret grèvera le budget de cent quarante millions par an. L'Assemblée, bien sûr, met aussi « à la charge de la nation » les dettes du clergé, soit 149 millions. Précisons que ces biens, auxquels s'ajouteront ceux de l'Ordre de Malte et de plusieurs congrégations religieuses, seront vendus comme « biens nationaux » dès 1791. Les pauvres ne seront pas les bénéficiaires de cette mesure. Seuls les bourgeois ou les riches laboureurs agrandiront encore leurs propriétés.

Le serment civique du village de N.... en février 1790. Dédié aux bons villageois. Gravure de Genisson. C'est à Valence, le 19 novembre 1789, que les premiers fédérés s'assemblent pour exprimer leur volonté commune de défense révolutionnaire. Peu à peu, l'action s'étend, prenant chaque fois un peu plus d'importance. On voit ici des villageois se présenter devant les notables du village réunis au pied d'un calvaire et venir prêter serment de fidélité à la nation, à la loi et au roi.

En novembre, l'Assemblée, qui a cependant bien du mal à substituer son autorité aux anciennes institutions, décrète que les Parlements demeureront en vacances. En fait, ils se trouvaient tout simplement supprimés. La nation prenait ainsi une décision que la royauté n'était point parvenue à appliquer.

6 novembre

A l'Assemblée, Mirabeau attaque Necker, « ministre malgré tout le monde », disait-on. Le tribun s'en prend à la Caisse d'escompte, chère au ministre et à sa politique des subsistances. Enfin, il demande que les ministres aient voix consultative à l'Assemblée.

7 novembre

Mirabeau perd la partie. Ses propositions sont repoussées.

8 novembre

Paris est mieux approvisionné et l'on ne fait plus queue aux boulangeries. Le calme revient. Mais dans les provinces, la crainte de manquer de blé subsiste. Chaque région garde ses grains et refuse de les envoyer à celles qui en manquent.

29 novembre

Première fédération inter-provinciale. Douze mille gardes nationaux

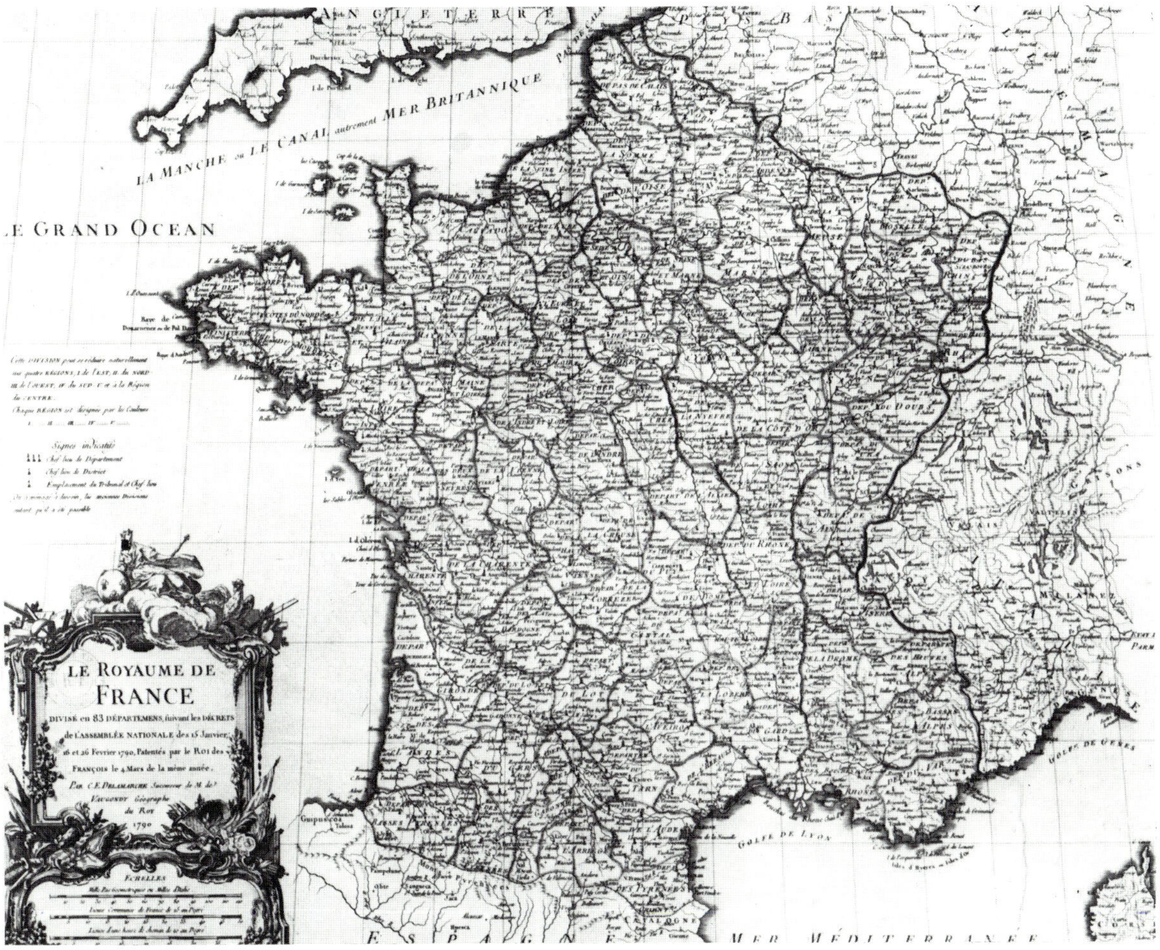

Le royaume de France divisé en quatre-vingt-trois départements, suivant les décrets de L'Assemblée nationale des 15 janvier, 16 et 26 février 1790. Carte de Delamarche. L'idée d'un découpage de la France avait déjà été proposée en 1764 par d'Argenson, puis, en septembre 1789, par Touret qui pensait donner à ces divisions la forme d'un carré de dix-huit lieues de côté.

du Dauphiné et du Vivarais se réunissent près de Valence et, devant un « autel de la patrie », prêtent serment d'être « fidèles à la nation, à la loi, au roi ». L'exemple sera suivi dans de nombreuses provinces.

14 décembre

L'Assemblée accorde aux municipalités un grand pouvoir, celui d'avoir recours à la force publique et de proclamer la loi martiale.

19 décembre

Sous forme d'assignats de mille livres — bons portant intérêt à 5 % et remboursables en biens du clergé — l'Assemblée met en vente des biens d'Église pour une somme de quatre cents millions.

22 décembre

L'Assemblée décrète que la France sera divisée en départements dont le nombre et la consistance seront déterminés par une commission. Ils seront environ soixante-quinze ou quatre-vingt-cinq.

24 décembre

L'Assemblée vote un décret permettant aux protestants l'accès libre à tous les emplois civils ou militaires. Ce même jour, sous l'inculpation d'avoir voulu assassiner Bailly, La Fayette, Necker et de conduire le roi et la reine à Metz, Favras, ancien capitaine des gardes suisses de Monsieur, est arrêté. On trouva sur lui des lettres du comte de Provence. Condamné à mort, il ne révèle aucun de ses complices et ne prononce pas le nom du frère du roi.

1790, 4 janvier

« Après le déjeuner, écrit l'Anglais Young ce jour-là, promenade aux jardins des Tuileries où j'ai assisté au spectacle le plus extraordinaire que Français ou Anglais aient jamais vu dans cette ville : le roi se promenant accompagné de six grenadiers de la milice bourgeoise, d'un ou deux officiers de sa maison et d'un page... »

15 janvier

L'Assemblée décrète que la France sera divisée en 83 départements délimités avec précision. Ils reçoivent les noms de montagnes, ou des mers bornant leur territoire ou de rivières et fleuves qui les traversent. Toutefois on prend soin, sans trop y parvenir, de ne pas morceler les anciennes provinces. Les chefs-lieux des districts sont choisis, non sans de nombreuses contestations.

4 février

Louis XVI se rend à l'Assemblée pour recommander l'union et demander qu'on apaise les émeutes qui éclatent sans cesse en province. Les députés crient « Vive le roi! » et prêtent serment d'être fidèles à la nation, à la loi et — enfin — au roi, serment qui sera bientôt prêté par tous les fonctionnaires. Après la séance, le colonel-vicomte de Mirabeau sort furieux de la salle en brisant son épée et en s'écriant : « Quand un roi brise son sceptre, son serviteur peut briser son épée ! »

13 février

Les ordres religieux sont supprimés. Les religieux pourront désormais sortir de leur couvent et recevront une pension convenable suivant leur âge et leur ordre. Ceux qui refuseront de partir pourront rester dans leur monastère, sauf si leur nombre se trouve être inférieur à vingt, auquel cas ils devront se joindre à une autre communauté. C'est surtout cette dernière décision qui provoque des départs en masse, les religieux ne voulant pas être confondus avec les membres d'un ordre différent. Nombreux seront les moines retournés à la vie active qui deviendront professeurs ou directeurs de bibliothèque... D'autres desserviront une cure ou entreront même dans la garde nationale. La plupart des couvents de femmes ne sont pas touchés par ce mouvement; bien souvent les supérieures n'ont même pas mis leurs religieuses au courant du décret. Les départs ne se feront là qu'en 1792.

21 février

La fédération bretonne-angevine se constitue à Pontivy et prête, elle aussi, serment. Entre autres provinces, la Franche-Comté, l'Alsace et la Flandre suivront bientôt cet exemple. L'Assemblée décide que les délégués des gardes nationaux des provinces fédérées seront invités à Paris pour fêter le premier anniversaire de la prise de la Bastille.

28 février

L'Assemblée augmente la paye du soldat, supprime la vénalité des grades et l'édit de 1781 qui exigeait quatre quartiers de noblesse.

mars

L'Assemblée devenant de plus en plus puissante, il semble urgent que la cour ait un appui parmi les patriotes. Aussi le roi et la reine, en dépit de leur répugnance, prennent-ils contact avec Mirabeau. Le comte plébéien, aujourd'hui dégrisé, a donné un sérieux coup de barre à droite et il accepte les offres de la cour. Comme le dit La Fayette, qui avait parfois de l'esprit : « Il ne trahit que dans le sens de ses convictions. » Par l'intermédiaire du comte de La Marck, Mirabeau propose un plan au roi : le roi garderait le pouvoir exécutif total, mais, pour que Mirabeau continue à demeurer populaire, il devait poursuivre la lutte contre les privilèges. En échange, ses dettes seraient payées et il recevrait une pension de six mille livres et un million payable à la clôture de l'Assemblée. « On peut m'acheter, lançait-il avec superbe, mais je ne me vends pas ! »

8 mars

Sur la proposition de Barnave, l'Assemblée vote un compromis en ce qui concerne l'esclavage : elle refuse sa suppression totale, enlève aux Blancs leur monopole en accordant aux mulâtres libres tous les droits politiques. Un compromis qui ne calmera nullement les esprits et le désordre ira croissant dans les colonies.

15 mars

L'Assemblée décrète que les droits seigneuriaux personnels sont supprimés, comme « contraires à la dignité de la personne humaine ». Les droits « réels », tels que cens, champart ou rente, sont maintenus mais rachetables. Dans la réalité, les seigneurs feront obstacle à ce droit de rachat et des châteaux seront pillés et même brûlés...

avril

L'opinion publique n'a certes plus le même enthousiasme que lors de la prise de la Bastille. Le chômage et la misère impatientent le peuple. On voit les banquiers et les gros négociants se rapprocher des aristocrates. Ceux-ci font circuler des libelles où ils cherchent à prouver au peuple qu'il se trouvait assurément plus heureux autrefois. Ils se félicitent de la lenteur de l'Assemblée et du désordre que suscitent forcément ses décrets puisqu'elle continue à faire table rase du passé.

1er avril

Malgré l'opposition de Necker, l'Assemblée publie en partie le *Livre rouge* démontrant les dépenses de la cour.

13 avril

L'Assemblée repousse la proposition du chartreux dom Merle qui demande que la religion catholique soit proclamée religion d'État. Les aristocrates essayent alors de soulever le royaume au nom de la religion menacée. Ils rédigent une protestation qui sera signée par deux cent quarante-neuf députés et répandue à travers toute la France.

A Montauban, les catholiques s'agitent et l'Assemblée doit envoyer un régiment patriote pour rétablir l'ordre. A Nîmes et à Uzès, les municipalités ayant interdit aux catholiques le port de la cocarde blanche, ceux-ci arborent un insigne rouge.

Le salut dans la fuite. *Cette gravure anonyme coloriée évoque d'une manière aussi naïve que satirique le départ des premiers émigrés dont « la France se purge petit à petit ». On voit, au centre, le duc et la duchesse de Montmorency-Luxembourg s'embarquant à Boulogne en direction de Douvres où ils vont rejoindre les quelques aristocrates qui les ont précédés sur le sol anglais. Parmi eux se trouve l'ex-ministre Calonne à qui l'auteur de la gravure fait prononcer ces mots : « Vous pouvez désormais regarder derrière vous... Les lâches et les fripons sont ici en sûreté. J'en réponds ». Sur le continent français, des soldats de la Révolution, brandis-*

sant le drapeau de la Liberté, saluent le départ des émigrés de ce cri : « Oh! les lâches. » A droite, un autre groupe, composé en partie de la famille de Polignac, fuit en direction de Spa. Le duc Jules-François de Polignac a pris la tête du mouvement, suivi de près par la duchesse suspendue à son catogan. Celle-ci, grande amie de la reine, s'inquiète du sort qui lui est réservé en s'écriant : « Mais où est donc Antoinette? » A la suite des Polignac marchent le duc de Broglie et le baron de Breteuil. Pour expliquer l'accident survenu à ce dernier, le graveur signale que « la peur et les eaux font déjà leur effet ».

Cependant ces protestations font l'effet contraire et provoquent de nombreuses adresses de fidélité à l'Assemblée.

17 avril

Essai de contre-révolution en Alsace. Le grand-bailli de Bouxviller rédige une protestation contre la vente des biens ecclésiastiques et l'abolition des droits seigneuriaux. Des prières sont ordonnées comme en temps de calamité publique.

22 mai

Après des débats très enflammés entre Barnave et Mirabeau, un décret précise les droits du roi, chef du pouvoir exécutif. En cette qualité, le souverain nomme les ambassadeurs et les chefs militaires, mais tous les autres fonctionnaires seront élus. Louis XVI conserve la direction des relations extérieures et reste le chef de l'armée, mais il n'a plus théoriquement la possibilité de déclarer la guerre et de demander la paix. La guerre ne pourra en effet être décidée que par un décret du corps législatif. Cependant, en fait, le roi conserve ce droit, puisqu'il est précisé par ailleurs que la guerre ne pourra être déclarée que sur une proposition formelle du pouvoir exécutif. Quoi qu'il en soit, suivant l'expression de Le Chapelier, le roi n'est guère plus que le « premier fonctionnaire public ».

« L'Assemblée nationale déclare que la Nation française renonce à entreprendre aucune guerre dans le but de faire des conquêtes et qu'elle n'emploiera jamais ses forces contre la liberté d'aucun peuple. » Mirabeau n'en a pas moins raison de dire : « La paix perpétuelle est un rêve et un rêve dangereux s'il entraîne la France à désarmer devant une Europe en armes. » Cet idéal de paix est bien le reflet des rêves de Jean-Jacques Rousseau... mais l'Assemblée pourra-t-elle refuser d'aider des peuples soulevés au nom des principes qu'elle avait énoncés?

29 mai

Un projet de constitution civile du clergé est déposé par le comité ecclésiastique. Les débats se prolongeront jusqu'au mois de juillet.

12 juin

Avignon, qui fait partie de l'enclave du comtat Venaissin, possédée en France par la papauté depuis le XIVe siècle, se soulève contre le vice-légat du pape. La ville se déclare indépendante et demande sa réunion à la France. Précisons que le territoire papal était gouverné d'une façon arbitraire et vénale. La misère y régnait car l'industrie et le commerce étaient presque inexistants. Une grande licence de mœurs s'y étalait, Avignon étant terre d'asile pour tous les brigands. Carpentras, capitale du comtat, préfère au contraire demeurer fidèle au pape si celui-ci lui accorde une constitution.

19 juin

A la suite de l'abolition des titres de noblesse, l'émigration redouble. Les émigrés se réunissent à Chambéry et à Turin. Ils intriguent et essayent d'entraîner avec eux le roi

de Sardaigne dans leur lutte contre la France. Le roi et la reine préfèrent que, pour l'instant, les émigrés ne traitent pas en leur nom, mais ces têtes folles ne les écoutent pas. Par leur intransigeance, leur aveuglement, leur esprit retardataire, leur côté brouillon, ils compromettront la cause royale alors qu'ils auraient voulu la servir et la sauver.

juin

A Nîmes, une rixe éclate entre les catholiques et les dragons casernés dans la ville. Toute la région prend parti. Des Cévenols protestants descendent sur Nîmes et le combat s'engage faisant trois cents tués dont deux cent soixante-dix-neuf catholiques. Cent vingt maisons sont pillées. Le calme ne sera rétabli que par l'arrivée de la garde nationale de Montpellier.

3 juillet

Le roi et la reine reçoivent Mirabeau à Saint-Cloud, où la cour a l'autorisation de passer l'été. Le tribun se fait si humble, si respectueux, semble avec tant de sincérité regretter ses excès — les milliers de livres y sont assurément pour quelque chose — que la reine, émue à son tour, lui tend sa main qu'il baise à genoux. « Madame, dit le comte en se relevant, la monarchie est sauvée ! » Et il écrira à La Marck : « Rien ne m'arrêtera, je périrai plutôt que de manquer à mes promesses. »

10 juillet

L'Assemblée décrète que les biens des protestants confisqués sous Louis XIV et encore propriétés de l'État seront rendus aux héritiers. Il n'est toujours pas question du libre exercice du culte. Une telle discussion aurait assurément déchaîné les passions. On parle de donner les mêmes droits aux Juifs. Mais le projet soulève de telles protestations qu'il est ajourné.

11 juillet

Le duc d'Orléans revient de Londres et se présente aux Tuileries. Les courtisans s'écartent sur son passage comme s'il s'agissait d'un pestiféré. « Chacun crut, rapporte un témoin, qu'il venait prêter son nom à un nouveau crime. » Pour tous, il est l'homme qui les a arrachés aux douceurs et à l'insouciance de Versailles pour les jeter au milieu de l'émeute. Le duc, démonté par cet accueil, pénètre dans la chambre du roi. « Venez, Monsieur, lui lance Louis XVI en lui tournant le dos, vous apprendrez à être bon Français. » Une fois de plus, la cour le repousse vers la Révolution !

12 juillet

La constitution civile du clergé est votée. Les discussions ont été difficiles, certains membres de l'As-

En 1790 est célébrée, à travers la France, la fête de la Fédération, commémorant tantôt la prise de la Bastille, tantôt la proclamation d'une Fraternité universelle. A Lille, la cérémonie — représentée (ci-dessus) par un tableau de Louis Watteau — est célébrée le 6 juin 1790 et réunit les départements du Nord, du

semblée estimant qu'il était impossible de bouleverser ainsi la vie de l'Église sans la consulter et s'entendre avec elle.

La France sera donc divisée en quatre-vingt-trois diocèses — autant que de départements — dont dix deviendraient des métropoles. Les évêques seront élus par les assemblées électorales de département, seront logés et recevront un traitement.

14 juillet

C'est la fête de la Fédération, une des plus belles journées de l'Histoire de France. Au Champ-de-Mars, devant l'École militaire, ce premier « quatorze juillet » est un extraordinaire spectacle. Quatre cent mille personnes écoutent la messe que Talleyrand célèbre au son des trompettes et des tambours. Cette foule immense est assise sur

Pas-de-Calais et de la Somme (musée de Lille). A Paris, elle se déroule, le 14 juillet 1790, devant trois cent mille spectateurs dont une gravure évoque l'enthousiasme. A gauche, un dessin rappelle les traits de Philippe d'Orléans — le futur Égalité — alors qu'il était député à la Convention.

des gradins que deux cent mille Parisiens ont construits eux-mêmes pour recevoir les délégués des gardes nationales venus de toute la France. Ce travail en commun accompli dans une atmosphère de bonne humeur a créé un étonnant sentiment de fraternité qui redouble aujourd'hui après le serment prononcé par le roi. Le cœur de la France semble battre à l'unisson. Emporté par l'enthousiasme, le visage de la reine s'éclaire et elle lève dans ses bras son petit dauphin. Durant plusieurs minutes les cris de « Vive la reine! » et de « Vive le dauphin! » emplissent l'air.

Le soir on danse, on s'embrasse! Ainsi que l'a dit si justement Octave Aubry, c'est de ce 14 juillet que date « le premier jour du patriotisme »! « Si Louis XVI avait su profiter de la Fédération, nous étions perdus », avouera Barnave.

22 juillet

L'Assemblée crée un « comité d'Avignon » pour étudier le problème de l'enclave du comtat Venaissin.

1er août

A Nancy, la municipalité, assez réactionnaire, s'oppose sans cesse à la garde nationale, composée pour la plupart de jacobins, tandis que les soldats patriotes des trois régiments formant la garnison de la capitale lorraine s'opposent de leur côté aux officiers. Les conflits se multiplient et ce 1er août, l'officier de garde ayant fait punir une sentinelle, les soldats se révoltent et l'insurrection gagne les environs. La municipalité demande au maréchal de Noue, commandant des troupes, de faire des excuses publiques à ses hommes. Il est obligé de s'incliner, et pour les soldats, c'est assurément là un triomphe.

16 août

L'Assemblée décide que ceux qui ont provoqué la révolte de Nancy seront punis de mort et ceux qui y ont participé absous à condition qu'ils se repentent. Pour rétablir l'ordre, on envoie le maréchal Malseigne qui se montre si dur qu'il finit par se faire emprisonner par les soldats. On demande alors à Bouillé, qui se trouve à Toul, d'approcher de Nancy avec cinq mille hommes. Il entre dans la ville, le combat dure deux heures. On compte trois cents morts ou blessés.

24 août

Malgré les protestations du pape, Louis XVI, pressé par l'Assemblée, donne sa sanction à la constitution civile du clergé.

27 août

Pour combler le déficit, l'assignat devient un billet de banque et est tiré en petites coupures. On aurait pu le prévoir : l'assignat-monnaie connaîtra une inflation très rapide et la monnaie métallique va se cacher.

1er et 2 septembre

Bouillé établit dans Nancy une véritable terreur militaire. Quarante et un soldats sont condamnés aux galères.

septembre

Le roi est obligé d'accepter la démission de Necker qui n'est plus

Louis XVI et Necker. Médaillons gravés selon des portraits peints d'après nature par Ph. Duplessis. Cette estampe loue l'heureux choix du roi qui a su trouver pour régir ses finances « l'homme bienfaisant et sage » qu'était Necker. Cette gravure, qui remonte vraisemblablement à l'arrivée de Necker au ministère des Finances, affirme : Post tenebras lux, *après les ténèbres, la lumière. Elle fait encore remarquer qu'un même amour du peuple a uni dans leur tâche commune le maître et le serviteur.*

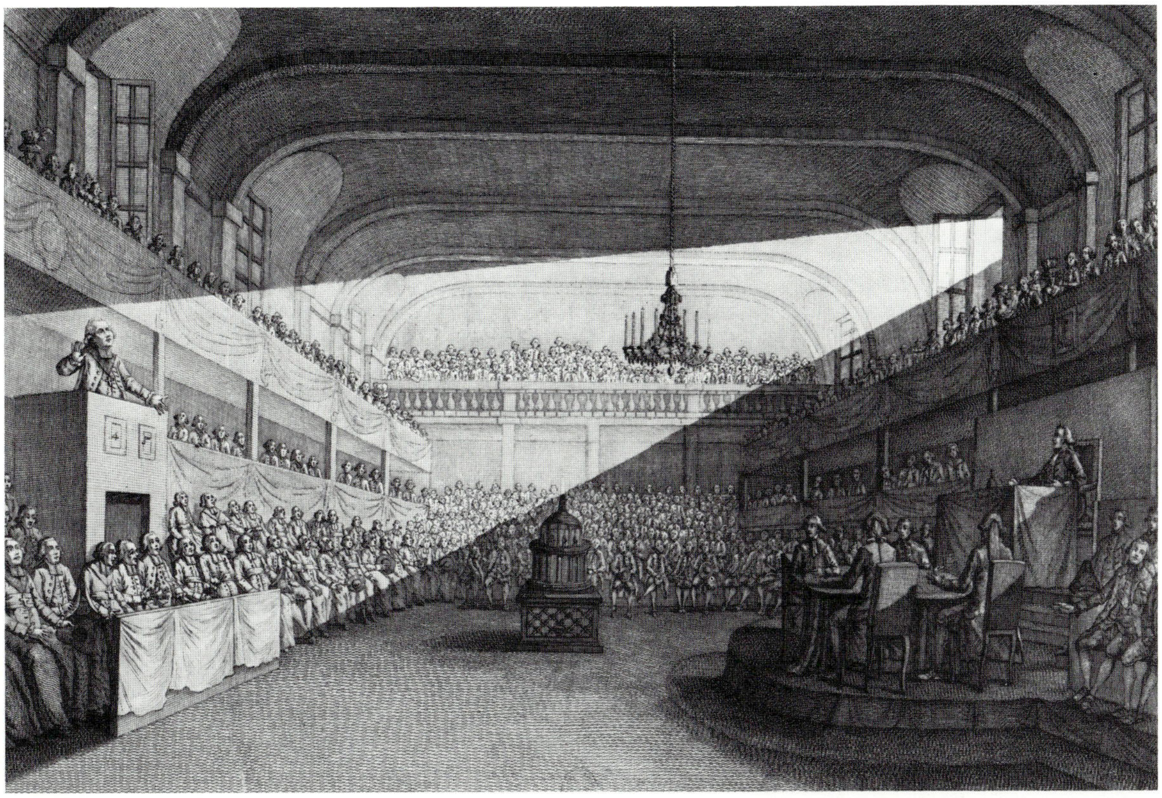

Député du clergé aux états généraux de 1789, l'abbé Grégoire prête, le premier, serment à la constitution civile du clergé votée le 27 novembre 1790. Cette gravure anonyme évoque le prêtre à la tribune d'où il prononce un discours invitant les évêques et les curés à suivre son exemple. Mirabeau lui succédera pour demander que les ecclésiastiques qui refuseraient de prêter serment soient désormais considérés comme ayant donné leur démission.

soutenu par personne. L'autorité du souverain diminue de jour en jour, tandis que la garde nationale se montre de plus en plus révolutionnaire. En face de la monarchie à la dérive, les opposants continuent à répandre des bruits inquiétants sur le pouvoir d'achat des assignats, sur la cherté de la vie, et la misère grandissante. Jusqu'à l'été 1791, les émeutes se succéderont à Paris. Des « motionnaires » font irruption dans le château. Les désordres se multiplieront « Nous n'avons pas eu de tapage depuis huit jours », annoncera Madame Élisabeth à une amie, comme s'il s'agissait là d'un fait mémorable.

28 octobre

L'Assemblée déclare que l'Alsace a le droit d'être française et annonce le rachat des domaines appartenant aux princes féodaux allemands. Ceux-ci se cabrent, refusent et protestent auprès de la Diète de Ratisbonne, mais l'empereur se tait, préférant maintenir la paix.

novembre

A l'Assemblée, Robespierre demande le rattachement d'Avignon à la France en invoquant le droit naturel des peuples à disposer d'eux-mêmes et la nécessité de créer l'unité nationale. Et puis Avignon, avant d'être cédée au pape, ne dépendait-elle pas des comtes de Provence? Malouet fait remarquer le danger d'une telle décision. L'Assemblée n'a-t-elle pas promis de renoncer aux conquêtes? De plus, dans ce cas, la Lorraine ne pourrait-elle pas être revendiquée par l'Empire? Voyant que la discussion déborde le problème d'Avignon, Mirabeau fait voter l'ajournement en s'exclamant fièrement : « J'ai muselé cette assemblée vorace. »

26 novembre

L'Assemblée décide que les prêtres — certains poussaient au refus du payement de l'impôt — devront, un dimanche à la sortie de la messe, prêter serment de fidélité « à la nation, à la loi, au roi ». Ceux qui refuseront seront remplacés.

30 novembre

Le roi, après avoir attendu quelques jours — il espérait une réaction de Rome — donne sa sanction au décret sur le serment des prêtres.

6 décembre

Un député jacobin, Sillery — le mari de Mme de Genlis — expose à l'Assemblée les véritables dessous de l'affaire de Nancy et le bien-fondé de la révolte des soldats. L'Assemblée retire alors à Bouillé les félicitations qu'elle lui a accordées et l'on ouvre le club des Jacobins de Nancy. Les quarante et un soldats envoyés aux galères par le tribunal institué par Bouillé seront libérés, mais seulement au mois d'avril 1792 : c'est à ce moment que les jacobins adopteront le bonnet rouge des galériens. L'affaire de Nancy eut assurément de graves conséquences. L'armée se trouve de plus en plus divisée et les soldats de plus en plus éloignés des officiers. Pour rétablir la situation, ainsi que le proposait Robespierre, aurait-il fallu licencier tous les officiers et les remplacer par des sous-officiers? Mais devant les menaces de guerre, l'Assemblée n'ose pas prendre une telle mesure. Désormais, le roi ne peut plus compter sur l'armée.

Une nouvelle France

Au printemps de 1790, un riche armateur bordelais écrivait à son fils étudiant à Paris. Il lui peignait le club des Amis de la constitution de Bordeaux : « Nos séances attirent une grande affluence. Le local ne contient que douze à quatorze cents personnes, mais, fût-il dix fois plus grand, il serait toujours plein. Les dames, pour être placées commodément, s'y rendent à trois heures et les séances ne s'ouvrent qu'à six heures. Les soldats des troupes de ligne y viennent en grand nombre Tu me demandes si les Juifs sont admis; oui, sans doute, et on y admettrait également des Turcs s'ils étaient enflammés de l'amour du patriotisme, avec la réputation d'une bonne conduite... Oh! les heureux établissements que les clubs, la France en est couverte! Ils sont, pour la chose publique, ce que l'air est pour l'existence. »

L'enthousiasme de ce Bordelais ne l'aveugle pas. Dans le même temps, partout en France, dix millions de citoyens se découvrent une passion nouvelle : celle de la chose publique. Voilà assurément, de cette société toute neuve, le caractère dominant. Jusque-là les Français avaient leur opinion sur le gouvernement. Ils l'exprimaient comme et quand il fallait. Mais ils s'en tenaient là. Depuis la Révolution, ils ressentent l'impression exaltante d'être directement concernés par les affaires. Même, ils se sentent capables d'en infléchir le mouvement. D'où le prodigieux succès des clubs à travers toute la France.

Ces clubs se sont implantés en même temps que les municipalités nouvelles, « organe essentiel de la Révolution », selon Philippe Sagnac. A part certaines mairies conquises par des modérés, nobles, ecclésiastiques, riches bourgeois, voire par des contre-révolutionnaires — comme à Nîmes, le baron de Margueritte — la plus grande partie des villes sont confiées à des bourgeois patriotes, parmi lesquels on trouve des avocats, des médecins, des négociants, des industriels, d'anciens magistrats ou des officiers. Les villages, eux, sont aux mains de paysans fortunés ou de curés démocrates. Une certitude : dès les premiers mois de 1790, les municipalités se présentent comme un moteur en fait d'ardeur révolutionnaire. En maint endroit, on les voit entrer en conflit avec les directoires de district ou de département, trop « tièdes ». D'où ce commentaire de Sieyès : « Les 44 000 municipalités regardent le pouvoir exécutif plutôt comme un ennemi que comme un centre de réunion. »

Ci-dessus, Camille Desmoulins, peinture anonyme. Ci-dessous, Philippe Fabre, dit Fabre d'Églantine, en raison de l'églantine d'or qu'il avait gagnée aux jeux floraux de Toulouse. Portrait attribué à Greuze. Ils seront l'un et l'autre orateurs au club des Cordeliers.

Parallèlement aux municipalités, et selon l'opinion qu'elles affichent, les clubs se révèlent comme un élément spontané de soutien, de contrôle ou d'attaque. Le principal, bien sûr, c'est celui des Amis de la constitution, qui en octobre 1789 s'est installé au couvent des Jacobins, rue Saint-Honoré — d'où le nom de ce club des Jacobins sous lequel il sera bientôt connu. Il était né en juin à Versailles, sous le nom de Club breton, tout simplement parce que les députés bretons du tiers état et du bas clergé en étaient à l'origine. Très tôt s'y sont joints des hommes comme Volney, Sieyès, Bailly, Mirabeau, Robespierre, Barère, les Lameth, Barnave. Dès la fin de 1789, et dès le début de 1790, on voit naître des filiales à Lille, à Marseille, à Nîmes, à Toulouse, à Bordeaux, etc. 152 clubs se déclarent affiliés aux Jacobins de Paris en août 1790. Et 406 en juin 1791. Le seul club de Paris groupera à la fin de 1790, onze cents membres — et douze cents en juin 1791.

Un club révolutionnaire. Gouache anonyme. La vie politique qui s'est développée sous Louis XVI est à l'origine, en France, de la multiplication de ces cercles où l'on se réunissait pour émettre ses opinions politiques : club des Feuillants, des Cordeliers, des Jacobins ou autres.

Que veulent ces clubs? Ils se définissent par l'esprit jacobin, qui va jouer un rôle capital dans l'histoire de la Révolution. L'esprit jacobin, dit encore Philippe Sagnac — qu'il faut toujours citer à propos de la Révolution — c'est « le patriotisme, la foi dans la Révolution, chaque jour accrue par l'obligation de lutter contre les aristocraties nobiliaire, ecclésiastique, militaire et judiciaire ». Les jacobins sont essentiellement centralisateurs, ils aiment à la fois l'ordre et les institutions nouvelles. En 1791, on les juge « prudents, tolérants, généreux ». La lutte se durcissant, ils se durciront eux-mêmes et se voudront un jour le moteur de la Terreur.

De même que les jacobins de province s'affirment, quant aux municipalités, vigilants — leur symbole est un œil grand ouvert — de même, à Paris, le club pèse avec une efficacité redoutable sur les travaux des législateurs. En fait, le président de l'Assemblée est, chaque quinzaine, choisi par les jacobins. Le club discute de l'ordre du jour de l'Assemblée comme si c'était le sien propre, et le fait modifier au besoin. On voit les jacobins pousser à la disparition des droits féodaux, à la vente des biens nationaux; ils donnent l'exemple en les acquérant les premiers. Ils animeront l'action contre les émigrés. Allant jusqu'au bout des revendications politiques, ils se montrent beaucoup plus timorés en fait de revendication sociale. Même au plus fort de la Terreur, les jacobins seront hostiles à toute évolution de la Révolution vers une plus grande justice sociale. En cela, les jacobins ne sont que le reflet de cette bourgeoisie qui veut une révolution, certes, mais à sa seule image.

La même prudence se retrouve en fait de religion. En 1790 et 1791, les jacobins veulent aider à l'application de la constitution civile du clergé. Ils prêchent la tolérance, la persuasion, et répudient toute action violente. La majorité des jacobins se déclare favorable au suffrage restreint, réservé aux possédants. Mais une minorité, avec Robespierre, réclame hautement le suffrage universel. Le même Robespierre, dans le sein des jacobins, exige une entière liberté de la presse,

Une nouvelle France

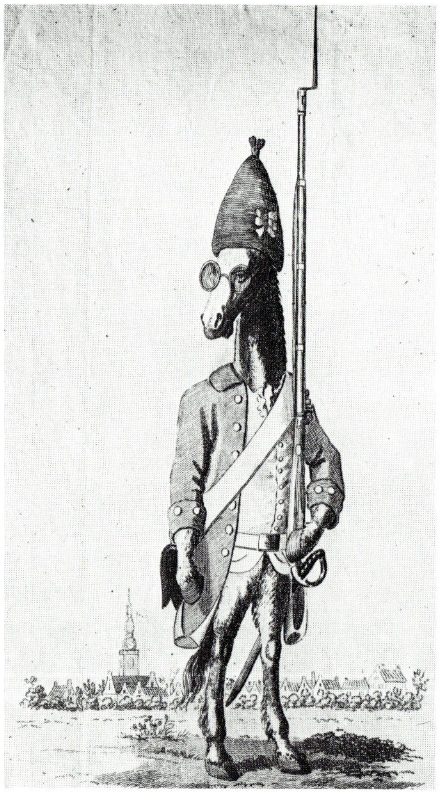

Ces trois caricatures royalistes moquent le ridicule de trois clubistes, bavards, sots et prétentieux. A gauche, voici le député à l'assemblée des Feuillants. Au centre, le jacobin au garde-à-vous, prêt à défendre sa cause sous l'apparence d'un âne-soldat présentant les armes. A droite, un autre jacobin déclarant : « Je viens des Jacobins, tout va bien. »

et une totale égalité civile, notamment en fait de succession. Les jacobins sont foncièrement contre la guerre. Ils redoutent un conflit qui pourrait ruiner les conquêtes internes de la Révolution.

En fait de clubs, les jacobins tiennent le haut du pavé. Au milieu de cette France en complète mutation, partout se sont formées d'autres sociétés populaires. Dans chaque section de Paris — il y en avait quarante-huit — on a vu naître une ou plusieurs de ces sociétés, les Amis de la loi, les Amis de la liberté et de l'égalité, etc. La plus active : les Amis des droits de l'homme et du citoyen. Elle s'est installée en 1790 en face de l'École de médecine, dans l'église des Cordeliers, d'où le nom qui lui sera vite donné de club des Cordeliers. Le club le gardera même quand il émigrera rue Dauphine. Y fréquentent Camille Desmoulins, Fabre d'Eglantine, Danton, Marat, Hébert, le boucher Legendre. Comme on voit, le futur personnel « avancé » de la Révolution. Le ton s'en ressent — et les méthodes. Les jacobins n'admettent que les citoyens « actifs », c'est-à-dire les électeurs. Aux Cordeliers, tout un chacun peut entrer, y compris les enfants de douze ans. Aux Jacobins, on prononce des discours étudiés, souvent écrits, on suit rigoureusement un ordre du jour établi à l'avance. Aux Cordeliers, on improvise — aussi bien l'ordre du jour que les discours. Aux Jacobins, la fréquentation quotidienne des représentants du pouvoir impose un certain langage, des convenances, une réserve nécessaire. Aux Cordeliers, on ne croit pas au vocabulaire châtié, on envoie au diable réserve et convenances. On dénonce avec passion, avec fureur, tout ce que l'on juge contre-révolutionnaire. On accable l'Assemblée de députations, on l'assaille de pétitions. Si les jaco-

L'ouverture du Club de la Révolution *(ci-dessus). Cette gravure anonyme apparaît comme une satire de l'Ancien Régime et de la personne du roi. On y voit en effet Louis XVI transformé en équilibriste, prêt à jongler avec la Constitution qu'un député du tiers état, monté sur une échelle, lui apporte. Ci-dessous, l'insigne révolutionnaire du département du Var.*

bins sont l'armée de la Révolution, les cordeliers en sont l'avant-garde.

Elle se fait, cette révolution. Elle se fait tous les jours. L'historien s'effare à voir, en si peu de mois, un système vieux de plusieurs siècles littéralement anéanti — et surtout un système neuf surgir dans le même temps du néant. Même les adversaires de la Révolution le reconnaîtront : l'œuvre accomplie est considérable.

Malgré les innombrables témoignages qui nous sont parvenus sur cette époque, on discerne mal ce que dut être l'effarement des vieilles

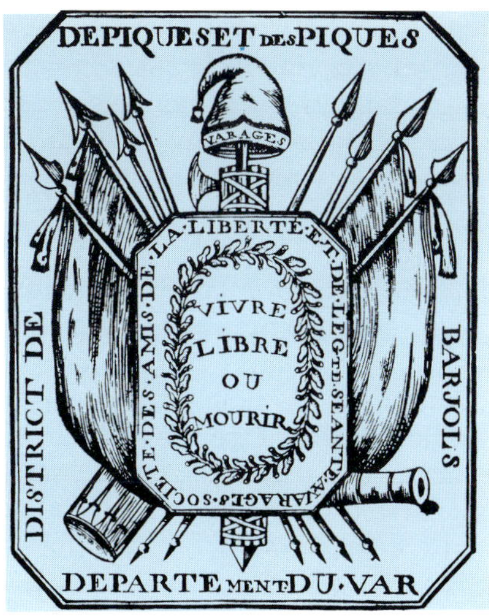

gens à voir, tout à coup, les privilèges abolis, puis la noblesse et le clergé disparaître en tant qu'ordres. Comment les intéressés se seraient-ils adaptés? Aussi, la plupart des nobles, les ci-devant, souvent acquis jusque-là aux idées nouvelles, se rallient-ils à la contre-révolution. D'autres émigrent, suivant l'exemple du comte d'Artois, frère du roi, qui avait quitté la France au lendemain du 14 juillet 1789.

La Constituante a voulu *rationaliser* les institutions. Elle y est en grande partie parvenue. D'abord, on a procédé à un nouveau décou-

Une nouvelle France

Une fête populaire aux environs de Paris. *Ce tableau fut peint en 1791 par le paysagiste marseillais Jean-Baptiste Pourcelly, qui vécut à Paris de 1791 à 1802. L'artiste évoque avec beaucoup de vérité un divertissement populaire des premières années de la Révolution.*

page administratif. Plus de généralités, plus d'intendances. La France est, depuis le 15 janvier 1790, divisée en 83 départements. Chaque département est divisé en districts, chaque district en cantons, chaque canton en communes.

Les départements sont administrés par un conseil de trente-six membres, élu pour deux ans par un organe appelé assemblée générale du département. Ce conseil désigne dans son sein un directoire permanent de huit membres, qui sera en quelque sorte le pouvoir exécutif du département. En somme, ce directoire a toutes les fonctions dévolues auparavant aux intendants.

Quant aux communes, elles sont administrées par un conseil général, réunissant des notables et un corps municipal. Celui-ci se compose du maire et du procureur de la commune qui doit défendre les intérêts de sa localité.

Autre grande tâche de la Constituante : la réforme judiciaire. Supprimées, les innombrables juridictions d'antan, si complexes qu'il était impossible, pour un Français moyen, de s'y retrouver. Le nouveau système illustre de façon éclatante le principe cher aux Constituants de la liberté individuelle. Le prévenu doit comparaître dans les vingt-quatre heures qui suivent son arrestation; il doit être jugé en public; il doit être assisté par un avocat. Les juges sont élus parmi les citoyens diplômés en droit. En matière criminelle, on institue un jury. Chaque canton reçoit un juge de paix, élu lui aussi. On peut appeler des sentences du juge de paix devant le tribunal de district.

Pour les délits et les crimes, trois degrés : le tribunal de simple police, pour les infractions municipales; le tribunal de police correctionnelle, pour le canton; le tribunal criminel, au chef-lieu du département.

Tout au haut de la hiérarchie, deux tribunaux, compétents pour l'ensemble de la nation : le premier, le tribunal de cassation peut casser les jugements de tous les tribunaux, pour vice de forme ou contravention de la loi; chaque département envoie un juge élu au tribunal de cassation. Le second est : la Haute-Cour nationale qui a à juger des délits commis par les ministres et les hauts fonctionnaires, ainsi que

La messe civique. *Peinture anonyme. Seules messes désormais tolérées par l'Assemblée, elles sont célébrées par des prêtres assermentés. On voit ici une foule nombreuse assister à l'office, auquel la présence de détachements de plusieurs régiments donne un aspect inaccoutumé.*

des crimes contre la sûreté de l'État. Tout ce système judiciaire est indépendant du roi.

Les cahiers de doléances avaient — on s'en souvient — réclamé avec force l'égalité devant l'impôt. La Constituante va, ici encore, innover. De novembre 1790 à mars 1792, c'est la grande réorganisation financière de la France, l'établissement d'un régime fiscal nouveau, avec des impôts proportionnels aux revenus. On supprime les impôts indirects, trop injustes, pour créer une contribution foncière (revenu de la terre), une contribution mobilière (revenu des loyers), une patente (revenu du commerce et de l'industrie).

Que l'on imagine, pour l'administration, les difficultés d'une application pratique! La tâche sera une des plus ardues qui se soient présentées à un gouvernement. Il faudra du temps avant qu'elle ne porte ses fruits. Malheureusement, l'hiatus entre impôts anciens et impôts nouveaux va aggraver la crise financière.

Depuis la constitution civile du clergé, l'Église a changé de visage. Les diocèses s'identifient désormais géographiquement aux départements; comme les autres fonctionnaires, évêques et curés sont élus. Ils doivent prêter serment à la constitution. Le clergé régulier — couvents et monastères — a été supprimé. Il est interdit, dans ce domaine, de prononcer des vœux. Ce nouvel état de choses, approuvé par le roi, condamné par le pape, va faire naître deux clergés : les « constitutionnels » et les « réfractaires ». Entre deux camps de catholiques, un fossé va se creuser.

Beaucoup de physiocrates sont parvenus au pouvoir. Ils se sont empressés d'abolir toutes les entraves au commerce si longtemps et si fortement dénoncées. On a créé un comité d'agriculture. Du Port s'écrie : « Messieurs, soignez l'agriculture, encouragez le travail; tout le reste ira de lui-même. »

Le 31 octobre 1790, toutes les douanes intérieures, tous les octrois sont supprimés. Le 15 mars 1791, on publie le tarif douanier applicable aux frontières, un tarif très modérément protecteur.

Le 17 juin 1791, la liberté totale d'entreprise est proclamée. Jurandes

Une nouvelle France

L'acte d'humanité. *Estampe gravée par R. de Launay le Jeune d'après un dessin de Jean de Fraine. Une dame de qualité, émue par la misère et la maladie qui se sont abattues sur une famille de paysans, vient apporter aux malheureux le secours de bonnes paroles et d'une bourse bien garnie. Bien que datant de 1783, un tel événement reste d'actualité durant les années de la Révolution. Si les rigueurs de l'hiver sont, ici, la cause de la misère, l'inflation due à l'émission incontrôlée des assignats interviendra, une dizaine d'années plus tard, pour provoquer les mêmes effets.*

et maîtrises sont supprimées. Le 12 juillet, on met les compagnies minières « à la disposition de la nation ». Le 28 septembre, on décrète le Code rural — sur une base sans équivoque : « Le territoire de la France est libre comme les personnes qui l'habitent. »

Tous les Français sont devenus citoyens, y compris les serfs. Tous sont théoriquement égaux. Théoriquement. Il faut, en effet, pour être député, payer des contributions équivalant à cinquante journées de travail. Pour dix journées, on sera électeur. Pour trois à neuf journées, on peut encore choisir les électeurs. Mais les autres ne seront rien : ces « passifs » se comptent deux millions en France, contre quatre millions d' « actifs ».

Croira-t-on que tant de novations, et de si nombreuses, aient pu s'accomplir sans heurts? Avec leurs institutions nouvelles, les Français ont découvert une monnaie inédite : l'assignat. On sait qu'une inflation insuffisamment contrôlée en a diminué rapidement le cours. A Paris, en un an, il passe de 90 à 54 %. M. Reinhard cite opportunément cette plainte de Julie de Beaumarchais : « Dix mille francs que j'ai gaspillés depuis quinze jours me font un tel effroi et une telle pitié que je ne sais plus du tout compter... Trois jours de différence ont fait monter le bois de 4 250 à 6 000 francs. Toutes les semaines, à présent, il faut de 700 à 800 francs pour un pot-au-feu. Et le blanchissage augmente à un tel point que 8 000 francs ne peuvent suffire. »

L'inflation fait naturellement monter aussi le prix du grain. Au début de 1792, sur les routes, sur les marchés, des bandes de pauvres gens s'emparent de grains. Ce sont des rixes, des émeutes : à Noyon, à Dunkerque, en Normandie, dans le Morvan. Le maire d'Étampes qui veut s'interposer est tué.

Ce ne sont pas là seulement des « incidents de parcours ». La misère renaissante, la faim qui menace auront des conséquences faciles à prévoir : on va réclamer à l'Assemblée des « mesures » : taxer les prix, par exemple. Taxer? Revenir à l'ancien régime? L'Assemblée, imprégnée de libéralisme économique jusqu'à la moelle des os, s'y refusera avec une détermination implacable. Augmenter les salaires? Pas davantage il n'en est question.

Alors, par toute la France, un nouveau mécontentement va se lever. Une méfiance nouvelle. La Révolution? Certes. Mais encore faudrait-il qu'elle ne trahisse pas le peuple.

Les clubs vont se faire l'expression de l'opinion publique. Ils condamneront la politique de l'Assemblée, discréditeront sa majorité modérée. Dans les tribunes, le peuple viendra huer les députés. Tout cela s'aggravera avec la guerre, les premières défaites. Le roi? Sa popularité était morte à Varennes. On n'avait plus pour lui que mépris.

Au bout de la route sera le 10 août 1792 — pour bien des Français la fin d'un monde. Pour beaucoup d'autres, le commencement d'une ère nouvelle.

C'est à un dessin d'époque que l'on doit cette interprétation de la mort de Mirabeau. Inquiet de la tournure prise par les événements, ce turbulent sujet de l'Ancien Régime, après avoir combattu pour les idées nouvelles, voulut sauver la monarchie et la personne du roi. Mais la mort prématurée du tribun à l'âge de quarante-deux ans mit un terme à son action (collection particulière).

1791, janvier

Le prix du pain est fixé à huit sous, c'est-à-dire presque moitié moins cher qu'en 1789. Mais la récolte s'annonce mauvaise et les prix montent de nouveau.

Nombreux troubles, souvent sanglants, entre Avignon et les nobles papalins du comtat Venaissin. Massacres, pillages, anarchie se succèdent. Une guerre ardente se déchaîne entre Avignon et Carpentras.

2 janvier

L'Assemblée, au milieu d'une grande agitation, décide que les ecclésiastiques qui siègent parmi ses membres devront prêter le fameux serment. La grande majorité refuse.

16 février

Suppression des corporations. Chacun sera libre, à l'avenir, d'exercer un métier à condition, s'il en a les moyens, de payer une patente. C'est la libre concurrence.

19 février

Mesdames, tantes du roi, émigrent. A Semur et à Arnay-le-Duc, la garde nationale essaye de les empêcher de passer. Il leur faut un ordre des autorités pour qu'elles puissent continuer leur voyage.

28 février

Devant l'agitation provoquée par le départ des filles de Louis XV, Le Chapelier propose de former un comité chargé de donner les autorisations de départ à l'étranger. Mirabeau s'y oppose très violemment : « Si vous faites une loi contre les émigrants, je jure de n'y obéir jamais ! » La loi est ajournée.

Ce même jour, une émeute populaire se déchaîne à Vincennes. Le bruit court que la commune veut faire du donjon une nouvelle Bastille. Tandis que La Fayette se rend sur place pour calmer l'insurrection, cinq à six cents nobles, armés de cannes-épées ou de poignards de chasse, se réunissent aux Tuileries afin de protéger le roi et pour essayer de favoriser son évasion vers Metz. La Fayette accourt de Vincennes et oblige le roi à ordonner à ses gentilshommes de déposer leurs armes. Dans un lourd silence, les *chevaliers du poignard* — selon le nom qui leur fut donné — déposent leurs pauvres armes sur les commodes et les tables de l'antichambre et, entre deux haies de gardes nationaux, quittent le château... certains pour n'y plus revenir.

10 mars et 13 avril

Deux brefs du pape condamnent à la fois la constitution civile du clergé, les évêques qui l'ont acceptée et tous les principes de la Révolution émis dans la Déclaration des droits.

28 mars

Personne n'ignore qu'il existe des projets de fuite du roi. L'Assemblée décrète que Louis XVI serait déchu s'il sortait du royaume.

2 avril

Agé seulement de quarante-deux ans, Mirabeau meurt d'épuisement physique du fait de son activité dévorante.

La cour perd en lui son plus précieux conseiller. Toute la France révolutionnaire, qui ignore encore son double jeu, le pleure et prend le deuil. Danton et Barnave prononcent son éloge.

9 avril

Le peuple commence à se montrer très intolérant envers le clergé non assermenté. La foule envahit plusieurs couvents de femmes et fouette les religieuses. Trois en mourront.

17 avril

En ce jour des Rameaux, le roi entend la messe dite par le cardinal de Montmorency qui n'est pas assermenté.

Un garde national alerte le club des Cordeliers qui fait aussitôt placarder des affiches dénonçant le « premier fonctionnaire public » comme réfractaire aux lois constitutionnelles.

18 avril

Louis XVI décide de partir pour Saint-Cloud comme il l'a fait l'année précédente. Aussitôt, la Révolution gronde. Certainement le roi quitte Paris pour faire des Pâques *inconstitutionnelles!...*

Vers midi, Louis XVI, la reine, Madame Royale, Madame Élisabeth et le dauphin montent dans leurs carrosses. La place du Carrousel fourmille de monde. A peine les voitures ont-elles quitté la cour des Tuileries que des hommes se saisissent des guides. La garde nationale interviendra-t-elle? Pas le moins du monde : les grenadiers menacent de leur sabre les postillons de la voiture royale! La foule hurlante entoure les carrosses. La Fayette et Bailly ordonnent aux gardes nationaux d'ouvrir le passage, mais ils n'obéissent pas. Durant deux terribles heures, la famille royale demeure ainsi assiégée. Finalement, la portière s'ouvre, Louis XVI descend posément : « On ne veut donc pas que je sorte? » Un lourd silence lui répond. Le roi reprend : « Il n'est pas possible que je sorte?... Eh bien! Je vais rester. » Et le roi regagne le château.

Sur les instances de Marie-Antoinette, Louis XVI accepte de partir pour Montmédy rejoindre les troupes de Bouillé. Fersen, tout dévoué à la reine, a carte blanche pour organiser le départ.

20 avril

Marie-Antoinette écrit à Mercy réfugié à Bruxelles : « L'événement qui vient de se passer nous confirme plus que jamais dans nos projets... Notre position est affreuse! Il faut absolument la fuir dans le mois prochain. Le roi le désire encore plus que moi. »

15 mai

Au sujet du problème des colonies, l'Assemblée décide que seuls les mulâtres nés de père et de mère libres auront des droits politiques. Ils n'étaient qu'en petit nombre, aussi les troubles continuèrent-ils. Les grands colons vont savoir si bien manœuvrer qu'ils persuaderont l'Assemblée que son décret était la cause des troubles. On ne l'annula pas, mais il demeura lettre morte.

16 mai

A la demande principalement de Robespierre, les membres de l'Assemblée décident qu'ils ne pourront être réélus à la future Assemblée législative. Mais pour défendre leur œuvre, ils décident aussi qu'aucune loi ne pourra être révisée avant dix années.

14 juin

Décret de l'Assemblée supprimant le compagnonnage. Il est interdit aux ouvriers de s'associer, de faire la grève ou de quitter leur travail. Ceux-ci supportent mal ces contraintes à une époque de liberté générale : aussi seront-ils aux premiers rangs des journées révolutionnaires de 1792.

20 juin

La famille royale doit partir ce même soir pour Montmédy. Bouillé, de la première poste après Châlons jusqu'à Stenay, a disposé des détachements de cavaliers qui devront assurer la sécurité des voyageurs, mais jusqu'à Châlons les fugitifs seraient livrés à eux-mêmes. Le soir venu, le roi, la reine, les enfants de France, Madame Élisabeth et Mme de Tourzel — tous plus ou moins déguisés — parviennent successivement à quitter le château pour rejoindre une citadine — une voiture de louage — qui, conduite par Fersen, attend non loin des Tuileries. Il doit mener la famille royale jusqu'à la barrière Saint-Martin où se trouve la berline sous la protection de trois gardes du corps.

21 juin

1 heure 40. La berline quitte la barrière. Les fugitifs ont près de deux heures de retard sur l'horaire prévu.

8 heures. Tandis que la voiture relaie à La Ferté-sous-Jouarre, aux Tuileries l'alerte est donnée : « Le roi est parti! »

11 heures. La berline arrive à Montmirail. A Paris, de sa propre autorité, La Fayette envoie des courriers dans toutes les directions, pour arrêter le roi.

12 heures. La famille royale relaye à Fromentière. A la barrière Saint-Martin, un des courriers expédié par La Fayette — le commandant Bayon — passe au grand galop. Les fugitifs ont dix heures d'avance sur lui, mais il marche deux fois plus vite qu'eux.

14 heures. Le retard est de trois heures et demie. Le roi et la reine ne descendent pas moins de voiture « pour se rafraîchir » au relais de Chaintrix. Châlons sera ensuite traversé sans incident.

18 heures. La famille royale arrive à Pont-de-Somme-Vesle. Le détachement de hussards qui doit assurer son passage s'est replié, étant donné le retard de la voiture. Les fugitifs n'ont plus que trois heures d'avance sur leurs poursuivants.

20 heures. La berline s'arrête devant la maison de poste de Sainte-Menehould, où, par la suite du

Ci-contre, le passeport délivré, le 5 juin 1791, à la baronne de Korff (nom sous lequel voyageait Mme de Tourzel), ses deux enfants, une femme (la reine), un valet de chambre (le roi) et trois domestiques. Madame Élisabeth, on le voit, a été oubliée. Sous la signature du roi, le ministre Montmorin a apposé la sienne en toute innocence. A droite, le maître de poste Drouet. Devenu député, il votera la mort de Louis XVI. En bas, le retour de la famille royale à Paris, le 25 juin, gravé d'après un dessin de Prieur. On reconnaît le dauphin à la portière de la voiture, le chapeau à la main, vraisemblablement assis sur les genoux du roi. Sur le siège, les trois gardes du corps sont enchaînés.

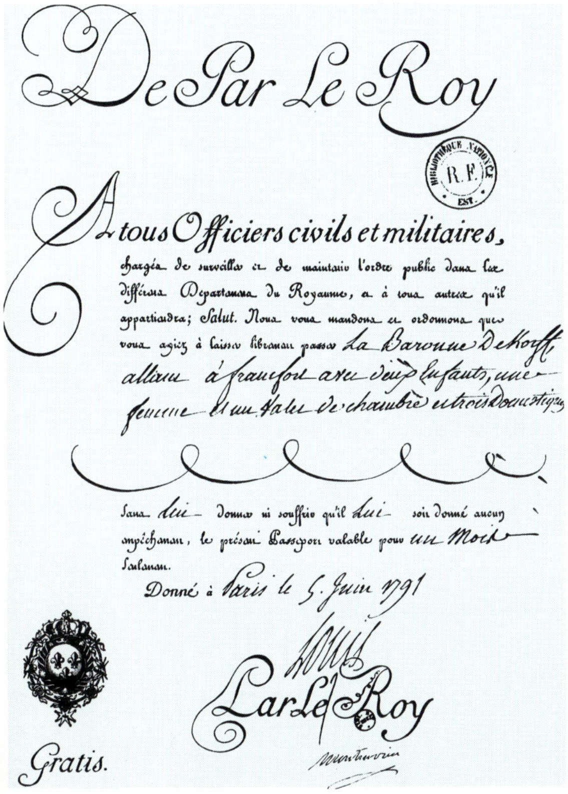

De Par Le Roy

A tous Officiers civils et militaires, chargés de surveiller et de maintenir l'ordre public dans les différens Départemens du Royaume, et à tous autres qu'il appartiendra; Salut. Nous vous mandons et ordonnons que vous ayiez à laisser librement passer La Baronne de Korff allant à Francfort avec deux Enfants, une femme et un valet de chambre et trois domestiques

sans lui donner ni souffrir qu'il lui soit donné aucun empêchement, le présent Passeport valable pour un Mois seulement.

Donné à Paris le 5. Juin 1791

Louis

Par Le Roy

Montmorin

Gratis.

retard, le détachement prévu n'est pas monté en selle. Dès le départ du roi, l'agitation naît, les dragons qui s'apprêtaient à suivre la berline sont désarmés. Le maître de poste, Drouet, mandaté par la municipalité de Varennes, saute à cheval à la poursuite de la voiture.

23 heures. Drouet dépasse la berline à l'entrée de Varennes-en-Argonne — les fugitifs cherchaient en vain le relais prévu par Bouillé — et va préparer la nasse dans laquelle va venir se prendre la royauté en fuite.

23 heures 10. La voiture est arrêtée sous la voûte de l'église Saint-Gengoult par les patriotes de Varennes. La famille royale, prisonnière, est conduite à la maison du procureur de la commune, l'épicier Sauce.

22 juin

Minuit et demi. Le juge Destez reconnaît le roi. Les détachements qui arrivent successivement pactisent avec les Varennais.

5 heures du matin. Les poursuivants — Bayon auquel s'est joint Romœuf, aide de camp de La Fayette — atteignent Varennes. Trois heures plus tard, la berline reprendra, sous bonne escorte, le chemin de Paris et s'arrêtera ce soir-là à Châlons. Bouillé arrivera trop tard à Varennes.

10 heures du soir. La nouvelle de l'arrestation du roi parvient à l'Assemblée. Trois députés sont désignés pour se porter à la rencontre de la berline : Barnave, Pétion et Latour-Maubourg, représentant les trois « nuances » politiques de l'Assemblée.

23 et 24 juin

Durant quarante-huit heures, une « fermentation sourde, mais terrible, est répandue dans toute la capitale », constate un journal du temps. Dans l'atmosphère d'étuve de cette semaine étouffante, sous un ciel que menace sans répit un orage qui n'éclatera jamais, les passions sont chauffées à blanc : journalistes et pamphlétaires haineux, écrivaillons et libellistes à gages, jettent des morceaux de papier en pâture au peuple. C'est la naissance du parti républicain. L'Assemblée décide que ses décrets seront exécutoires sans avoir besoin de la sanction royale. En d'autres termes, Louis XVI — il s'est arrêté le 23 à Dormans — est suspendu.

25 juin

Les prisonniers — ils ont passé la nuit à Meaux — arrivent à la barrière de Paris où attend La Fayette. Au son du tambour, le cortège, par les « nouveaux boulevards », contourne Paris. Depuis le départ de Varennes un immense tumulte, un concert de hurlements n'a cessé d'accompagner les malheureux prisonniers. Ici, hors le bruit des tambours frappant sur un rythme funèbre, c'est le silence. La garde nationale borde la chaussée, le fusil renversé, la crosse levée comme pour un enterrement. Derrière les soldats, se tient le peuple, « tranquille mais sombre », le chapeau vissé sur la tête. Beaucoup d'hommes sont armés de piques, de sabres et de couteaux. La berline, toujours surchargée de grappes de « patriotes », atteint la barrière de l'Étoile et descend les Champs-Élysées. Et toujours cette poussière âcre, épaisse, tourbillonnante qui s'engouffre par les vitres baissées, couvrant la robe de la reine et l'habit brun peluché du roi d'une couche blanchâtre, se mêlant à la sueur et dessinant des rigoles noires

Une gravure populaire intitulée « Descente de Louis le fuyard au château des Tuileries » nous montre le retour de la famille royale à Paris, le 25 juin 1791. Le roi et la reine, qui tient par la main le dauphin et Madame Royale, viennent de descendre de voiture et se dirigent vers le château qu'ils ont quitté cinq jours plus tôt. Pendant ce temps, nous dit la légende, le peuple témoigne « son indignation contre les trois postillons gardes du corps ». Mais le mouvement est arrêté « à la vue de M. Pétion, député à l'assemblée générale ». Les malheureux n'en sont pas moins saisis à bras-le-corps pour être conduits en prison.

sur le visage de ces pauvres gens qui sont à cent mille lieues de comprendre le motif de toute cette haine. La foule n'a laissé, à travers la place Louis-XV, qu'un étroit chenal. Les voitures le suivent. Sitôt qu'elles ont pénétré dans le jardin, on ferme le pont tournant devant lequel, un an et demi plus tard, l'échafaud sera dressé en permanence.

En rentrant chez elle, Marie-Antoinette enlève son chapeau : ses cheveux, blond cendré il y a cinq jours, sont devenus tout blancs : « comme ceux d'une femme de soixante-dix ans... »

fin juin

Le roi et la reine sont prisonniers. Des sentinelles sont postées jusque sur les toits du château. Marie-Antoinette se rapproche alors de Barnave venu à la rencontre de la berline avec deux de ses collègues.

16 juillet

Les républicains veulent « déposer » Louis XVI. Barnave et ses amis Lameth et Duport savent que, le roi supprimé, tout l'édifice bâti par la Constituante s'écroulerait, aussi les modérés doivent être solidaires du roi menacé. « Au moment où la nation est libre, déclare Barnave à la tribune, où tous les Français sont égaux, vouloir davantage, c'est vouloir commencer à cesser d'être libres et devenir coupables. » On applaudit et Robespierre ne parvient pas même à prendre la parole. Grâce au discours de Barnave, le roi est « maintenu », mais il est « suspendu » jusqu'au moment où lui sera présentée la nouvelle constitution à laquelle s'est attachée l'Assemblée. Cependant les cordeliers rédigent une pétition demandant la déchéance et le jugement du roi. Elle doit être déposée sur l'autel de la patrie et les citoyens sont invités à venir la signer le lendemain.

17 juillet

L'affaire débute en vaudeville : deux citoyens se sont dissimulés sous l'autel et lorgnent les charmes cachés des dames pétitionneuses.

On prend ces deux « voyeurs » pour des espions. Le vaudeville cesse, brutalement la tragédie commence : ils sont massacrés et leur tête promenée à travers la ville. Bailly, La Fayette, Charles de Lameth, frère d'Alexandre — et, si l'on ose dire, le quatrième triumvir — décident de rétablir l'ordre. La troupe envahit le Champ-de-Mars mais — drame irréparable — à la suite d'un incident demeuré obscur, la garde tire et cinquante cadavres sont couchés sur le terrain.

Le « massacre du Champ-de-Mars » a creusé un fossé de sang entre les députés constitutionnels et les avancés. Ceux-ci — Danton, Marat, Desmoulins, Santerre — se cachent. Louis XVI et Marie-Antoinette ne devraient maintenant plus hésiter à marcher avec les modérés...

20 juillet

Marie-Antoinette, avec une évidente bonne volonté, multiplie les contacts avec Barnave et ses amis. Se sentant « isolée et ne pouvant voir personne », elle exprime même ce souhait — et le fait savoir à Barnave : « Qu'on me donne quelques points à réfléchir soit sur les événements présents, soit sur ceux bien plus importants encore de l'avenir et, dans ma retraite, je répondrai toujours juste et exactement. »

29 juillet

Malheureusement, Marie-Antoinette ment à ses nouveaux amis. Elle l'avoue, elle n'a commencé cette correspondance que pour « temporiser ». Pour elle — elle l'explique à Mercy-d'Argenteau — il faut « qu'au moins, pendant un temps encore, *ils* croient qu'elle est « de leur avis ». *Pendant un temps encore*... jusqu'au moment où les alliés pourront intervenir et la sauver.

1er août

La loi contre les émigrés et les prêtres réfractaires est votée.

25 août

L'empereur Léopold rencontre le roi de Prusse au château de Pillnitz en Saxe : ils ratifient le traité reconnaissant l'indépendance de la Pologne. Ayant signé le 4 août la paix de Sistowa avec la Turquie, l'empereur a désormais les mains libres pour intervenir en France et sauver sa sœur Marie-Antoinette, mais il ne le désire pas sincèrement. C'est à cette époque que Barnave et les chefs constitutionnels envoient à Vienne une note exprimant leur volonté de rétablir Louis XVI. L'empereur y croit ou veut faire semblant d'y croire et ne pense plus à une intervention.

été

La récolte a été médiocre. Le papier-monnaie se déprécie de plus en plus, aussi les prix augmentent-ils.

12 septembre

Depuis la délibération de novembre 1790, bien des choses ont changé : le pape a condamné la constitution civile du clergé, les relations sont rompues et le nonce a quitté Paris. Aussi l'Assemblée décrète-t-elle l'annexion d'Avignon et du Comtat. C'était la première conquête de la France révolutionnaire. On pouvait déjà prévoir qu'elle serait entraînée à en faire d'autres.

14 septembre

Commencée en 1789, la Constitution est enfin achevée. Elle doit être, ce jour-là, sanctionnée et jurée par le roi. La séance est pour Louis XVI une série de camouflets. L'Assemblée s'assied lorsque le roi prononce son serment et les députés ne se lèvent pas non plus lorsque Louis XVI commence son discours... Déconcerté, irrité, le roi s'assied à son tour.

La couronne seule sera héréditaire. Les fonctions seront données aux citoyens « sans autre distinction que le mérite et le talent ». Les pouvoirs du roi sont limités, mais demeurent plus importants que ceux que voulait lui laisser l'extrême-gauche. Une Constitution qui était en quelque sorte le triomphe de la bourgeoisie. Marie-Antoinette la traitera de « tissu d'insolences et d'absurdités impraticables ».

18 septembre

A l'Hôtel de Ville, proclamation de l'acceptation royale. Le roi et la reine sont acclamés sur les Champs-Élysées. Le soir, Marie-Antoinette est applaudie à l'Opéra où l'on joue « *Psyché* ». Elle sourit pour la première fois depuis plusieurs mois.

25 septembre

Sur la proposition de Lepeletier de Saint-Fargeau, l'Assemblée décrète la rédaction d'un code pénal. Désormais les peines sont proportionnées aux délits. On supprimait ainsi l'arbitraire des juges.

27 septembre

C'est seulement à cette date que l'Assemblée accorde le droit de

La garde nationale à l'exercice dans les environs de Strasbourg. *Tableau peint par Tobias Gimbel. Née dans la nuit du 13 juillet 1789, la garde nationale a pour premier chef le marquis de la Salle. Puis, le 15 juillet, au lendemain de la prise de la Bastille, La Fayette en est nommé commandant en chef. Dès le 7 août 1790, ses sept divisions appuyées par cent quarante canons sont complètement organisées à Paris, dotées d'uniformes, de drapeaux et d'un tricorne orné de la cocarde tricolore. On ne retrouve cependant pas, dans cette peinture, la rigueur et la tenue qui étaient devenues celles des troupes royales. De ces soldats improvisés défilant drapeau en tête, il se dégage une impression de laisser-aller, de mollesse presque, que les hommes au repos ne contribuent nullement, par leur attitude, à effacer (musée de Strasbourg).*

LES DÉPUTÉS S'INSTALLENT

« Les députés de la Législative vinrent s'installer à Paris directement, tandis que les Constituants s'étaient rendus à Versailles. Leur premier contact avec la capitale, tel qu'il apparaît dans les lettres qu'ils s'empressèrent d'envoyer à leur famille, à leurs amis, à leurs électeurs fut marqué par l'admiration, l'envie, la crainte et le dénigrement. Des visites au Palais-Royal, avouées aux amis, cachées aux épouses, une promenade aux Tuileries et aux Champs-Élysées, une soirée au théâtre, des conversations dans les cafés, autant de plongées dans cette capitale étonnante, inquiétante. On se groupait entre députés d'un même département, on cherchait un logis dans les parages de l'Assemblée, on rencontrait des collègues d'autres départements et des députés de Paris, on s'observait, on se mesurait. »

REINHARD

citoyen aux Juifs qui devront prêter le serment civique.

29 septembre

La garde nationale née spontanément en 1789 se composera en principe de citoyens actifs qui devront élire leurs officiers. Ils seront vêtus d'un uniforme — habit bleu, culotte et veste blanches — taillé à leurs frais, ce qui contribuera à écarter les plus pauvres et souvent les plus révolutionnaires. L'ensemble de la garde nationale formera une armée de deux à trois millions de citoyens. Elle se juxtaposera à la vieille armée royale, qui perd chaque jour en force et en discipline ses officiers émigrant en assez grand nombre.

30 septembre

Dernière séance de l'Assemblée. Le roi se trouve présent et cette fois les députés se tiennent devant lui, debout et découverts. On crie « Vive le roi! » C'est l'euphorie totale : Une ovation est faite à Robespierre et à Pétion.

Ce soir-là, l'Assemblée constituante se sépare, persuadée que la Révolution est terminée. Marie-Antoinette reçoit les « triumvirs » mais elle écrit à Fersen : « Vous ne sauriez croire combien tout ce que je fais en ce moment me coûte! »

1er octobre

Première réunion de l'Assemblée législative. Sur 745 députés, le centre — 449 représentants — est constitutionnel, les élections s'étant faites en août et septembre, à un moment où les jacobins et les républicains se trouvaient fort affaiblis. Il y avait certes moins d'hommes éminents que dans la Constituante — certains étaient même pitoyables — mais d'autres allaient prendre leur essor, tels Carnot, Vergniaud ou Cambon. La droite compte cent soixante membres bien décidés à renforcer le pouvoir royal. La gauche, cent trente-six membres, formée de jacobins ou de cordeliers commandés par Brissot. Mais tout dépendra du centre.

C'est à Tobias Gimbel, encore, que l'on doit ce détail d'un tableau représentant un bivouac de gardes nationaux aux environs de Strasbourg en 1797. Mais l'effet qu'il produit est tout différent. Ces soldats au repos portent un uniforme ajusté et soigné. Les armes ont été posées avec soin en faisceau. Chacun dès lors prend sa détente comme il l'entend, prêt cependant à répondre sur-le-champ à un ordre de départ : l'un somnole, l'autre fume sa pipe, un troisième cherche dans son havresac quelques provisions, tandis que son compagnon tient déjà un quignon de pain et un couteau. (musée de Strasbourg).

7 octobre

Séance royale à la nouvelle Assemblée. C'est un triomphe pour la droite. On crie « Vive le roi! » plus souvent que « Vive la nation! »

Quelle est la situation hors de Paris?

La contre-révolution s'organise dans les départements. Aux colonies, les mulâtres attaquent les colons blancs pour protester contre le retrait de leurs droits politiques.

13 et 14 octobre

Le roi, afin de montrer qu'il se séparait de l'action des émigrés, ordonne à tous les officiers de retourner à leur poste. L'émigration ne s'en poursuit pas moins.

16 octobre

Massacre d'Avignon. A Avignon, l'armée avait formé une municipalité réactionnaire. Apprenant l'annexion, les aristocrates — dits les pontificaux — se soulèvent. Les patriotes les massacrent dans le palais des Papes, puis jettent les corps dans la tour de la Glacière. L'Assemblée, impuissante à modérer l'action des deux partis, accorde une amnistie générale : c'est laisser le pays à son triste sort.

octobre et novembre

Nombreux troubles dans l'Ouest causés par des catholiques demeurés fidèles aux prêtres réfractaires.

9 novembre

Les émigrés sont sommés de rentrer avant le 1er janvier 1792, faute de quoi ils seraient suspects de conjuration, punis de mort et tous leurs biens confisqués. Il était ordonné au comte de Provence, sorti de France le 21 juin, de regagner la France dans les deux mois sous peine de perdre ses droits au trône.

29 novembre

L'Assemblée déclare « suspects de révolte » tous les prêtres qui refusent le serment et les punit de deux ans de détention.

DANS L'OUEST

Les pays poitevins, entre la Loire et la Gironde, avaient accueilli avec joie la convocation des états généraux mais avaient vite déchanté, et c'est à coups de fourche qu'ils avaient reçu les intrus *schismatiques, autrement dit les curés-fonctionnaires qui avaient accepté de prêter serment à la constitution civile du clergé. On ne pouvait admettre d'être baptisé, marié ou enterré par ceux qui approuvaient les lois sacrilèges, obéissaient, non plus au pape, mais à l'État, se trouvaient élus par leurs concitoyens et non plus choisis par le Saint-Siège, avaient, enfin, chassé de leurs presbytères leurs « bons prêtres », tous gens du pays! Assurément, ces curés-citoyens n'avaient pas le droit de remettre les péchés!*

Il suffit d'ailleurs de prêter l'oreille aux paroles prononcées par monseigneur de Mercy, évêque non jureur de Nantes, pour être convaincu : « La nomination faite par les électeurs du département du sieur Minée en qualité d'évêque de Nantes est radicalement nulle et de nul effet. Nous sommes toujours le seul véritable et légitime évêque du diocèse de Nantes. »

Et avant de quitter Soullans, le recteur, désormais interdit, déclarait en chaire : « N'écoutez pas ceux qui viendront après moi; ce ne seront pas des bergers, mais des loups ravisseurs. »

3 décembre

Monsieur refuse de rentrer, le roi

ne jouissant plus de sa liberté physique et morale.

19 décembre

Le roi ne veut pas sanctionner le décret exigeant le serment civique des prêtres réfractaires, faute de quoi ceux-ci pourraient être emprisonnés. « Je fais assez ce que tout le monde désire, déclare le roi, pour qu'on fasse une fois ce que je veux. » L'Assemblée ne proteste pas, Louis XVI se trouvant dans son droit. Mais l'opinion publique s'alarme et s'insurge. Le roi est baptisé *Monsieur Veto*. L'accalmie du mois de septembre est oubliée, le fossé se creuse à nouveau et la Révolution reprend sa marche.

24 décembre

Le roi déclare à l'Assemblée qu'il va sommer l'électeur de Trèves de disperser les émigrés rassemblés dans son électorat. Espérant un refus de l'électeur qui le contraindrait à se lancer dans une petite guerre, il écrit à Breteuil : « Il faut que ma conduite soit telle que dans le malheur la nation ne voie de ressources qu'en se jetant dans mes bras. »

A l'Assemblée, le parti brissotin désire un conflit, surtout pour surexciter l'esprit public et démasquer le roi. Pourtant Robespierre et toute la future « Montagne » sont partisans de la paix : la guerre serait conduite par la cour et elle ruinerait la nation. Il semblait préférable de lutter d'abord contre les ennemis intérieurs. Au club des Jacobins les partisans de Brissot et ceux de Robespierre s'affrontent.

27 décembre

Pour faire fermer le club des Feuillants, hostile à la guerre, les brissotins font voter par l'Assemblée l'interdiction à tout club de tenir séance dans l'enceinte législative. Or le club des Feuillants se trouvait installé dans le couloir menant à la salle de l'Assemblée...

Les brissotins, s'appuyant sur les sociétés populaires, encouragent l'armement des citoyens « passifs », fût-ce avec de simples piques. Leur propagande réveille les sentiments belliqueux. Mais le mouvement populaire qu'ils ont créé ne tarde pas à les effrayer. Les apprentis sorciers essayent alors de calmer les esprits, mais il est trop tard. Une grave crise éclatera au mois de mars.

1792, 6 janvier

L'électeur de Trèves s'engage à disperser les émigrés. En fait, les puissances étrangères ne veulent pas prendre en main la cause de ceux qui entretiennent l'agitation sur leur territoire. Il n'y avait donc plus de raison de déclarer la guerre. Mais le comte de Narbonne, ministre de la Guerre, désireux d'avoir le prétexte de lever une armée pour rétablir la puissance royale, excite de nouveau l'Assemblée en lui faisant part d'un voyage qu'il vient de faire aux frontières : tout est prêt, selon lui, pour une guerre victorieuse.

20 janvier

Réconciliation de Brissot et de Robespierre grâce au vieux Dussault, un des héros du 14 juillet. La majorité des jacobins se déclare alors pour le conflit avec l'Autriche.

21 janvier

L'Assemblée décide que le roi enverra une sommation à l'empereur afin de savoir s'il entend vivre

en paix avec la France. Si « le roi de Bohême et de Hongrie » ne répondait pas avant le 1er mars, son silence serait considéré comme une déclaration de guerre.

février

De nouveau les subsistances manquent et l'on pille les convois, spécialement dans le Midi. Les désordres se renouvellent incessamment. Les impôts ne rentrent pas et le trésor est vide.

Cette gravure portant les paroles et la musique de la Marche des Marseillois *fut publiée à Londres en novembre 1792 chez William Holland. Un dessin de Neuton vient illustrer avec beaucoup de naïveté ce chant guerrier dont les paroles et la musique ont été écrites, en avril 1792, par Claude-Joseph Rouget de Lisle, capitaine du génie en garnison à Strasbourg. Le morceau, d'abord intitulé* Chant de guerre pour l'armée du Rhin, *fut chanté chez le maire Dietrich et sans doute acheminé vers Marseille par quelque colporteur. Un bataillon de Marseillais venu à Paris peu avant le 10 août l'adopta. L'hymne reçut alors le nom de* Marseillaise *et non de* Strasbourgeoise. *Trois ans plus tard, le 26 messidor an III (14 juillet 1795), il sera déclaré chant national. Aux six couplets écrits par Rouget de Lisle, en sera par la suite ajouté un septième: « le couplet des enfants ».*

1er mars

Mort subite de l'empereur Léopold. C'est son fils François II qui lui succède. Le neveu de Marie-Antoinette va se montrer beaucoup moins hésitant et plus belliqueux que son père — en attendant d'être le vaincu d'Austerlitz et de Wagram.

9 mars

Les constitutionnels obtiennent le renvoi du comte de Narbonne et la nomination du colonel de Grave.

23 mars

Les brissotins, de plus en plus puissants, réussissent à faire tomber le ministère modéré, appelé le ministère feuillant, et à prendre sa place. Clavière est nommé aux Finances, Roland à l'Intérieur, Dumouriez aux Affaires étrangères. Celui-ci voudrait jouer les Mirabeau et sauver la monarchie... C'est là ne pas compter avec Marie-Antoinette qui ne parvient pas à se résoudre à voir la royauté mise en tutelle. Il a sollicité une audience, mais la reine le reçoit fort mal. « Monsieur, vous êtes tout-puissant en ce moment, mais c'est par la faveur du peuple qui brise vite ses idoles. Votre existence dépend de votre conduite. » Et comme Dumouriez semble quelque peu abasourdi par cet accueil, elle insiste : « Ni le roi, ni moi ne pouvons souffrir toutes ces nouveautés sur la constitution. Je vous le déclare franchement; prenez-en votre parti! »

25 mars

La guerre — une guerre qui avec des trêves va se prolonger durant vingt-trois ans — est imminente. Au conseil qui se tient aux Tuileries, Dumouriez expose son plan assez adroit... Et le lendemain, Marie-Antoinette écrit à Mercy : « M. Dumouriez, ne doutant plus de l'accord des puissances par la marche des troupes, a le projet de commencer le premier par une attaque en Savoie et une autre par le pays de Liège. C'est l'armée de M. de La Fayette qui doit servir à cette dernière attaque. Voilà le résultat du Conseil d'hier. » Il est difficile de ne pas sursauter en lisant ce qui représente pour nous une trahison nette et précise, mais la reine n'a-t-elle pas des excuses? Du moins peut-elle le croire. Vergniaud, à la tribune, vient de la menacer de l'échafaud avec une violence qui a fait planer sur l'Assemblée un souffle de terreur.

5 et 7 avril

François II exige de la France le rétablissement des princes alsaciens dans leurs droits féodaux et l'abolition du nouveau droit international sur le consentement des populations. La guerre paraît inévitable.

20 avril

Le roi propose à l'Assemblée de déclarer la guerre. Elle est votée à l'unanimité moins une voix, celle du député feuillant Becfuey.

25 avril

A Strasbourg, Rouget de Lisle écrit son *Chant de guerre pour l'armée du Rhin* qui deviendra *la Marseillaise.*

début de mai

Échec de la diplomatie des girondins : Dumouriez espère un appui de l'Angleterre mais Pitt désire la paix pour rétablir les finances de son pays et déclare qu'il restera neutre.

La France se trouve donc seule pour lutter contre l'Autriche et l'Allemagne coalisées. Or, elle n'est absolument pas prête à mener un tel conflit. Heureusement, les armées coalisées sont loin d'être encore concentrées sur les frontières.

27 mai

L'Assemblée décrète la déportation des prêtres réfractaires. Le roi, touché dans sa conscience de chrétien, oppose son veto.

29 mai

Licenciement de la garde constitutionnelle de Louis XVI. Cette fois, puisqu'il ne s'agit que de lui, le roi s'est incliné.

8 juin

Les gardes nationaux étant trop modérés et parfois favorables aux aristocrates, l'Assemblée décrète la formation d'un camp de vingt mille fédérés sous Paris.

10 juin

Puisque le roi refuse également de donner sa sanction pour le décret relatif à la formation d'un camp devant les murs de Paris, Roland lui adresse une lettre dont les termes sont offensants et en rend le texte public.

13 juin

Louis XVI profite de cette occasion pour renvoyer ses ministres girondins : Roland, Clavière et Servan, et donne le ministère de la Guerre à Dumouriez. Celui-ci demande au roi de lever son veto, mais le roi persiste. La situation de Dumouriez va devenir de plus en plus difficile car les jacobins commencent à l'accuser de trahison.

16 juin

Le roi persistant dans le veto qu'il opposait aux décrets, Dumouriez, découragé, donne sa démission. Les faubourgs décident d'aller, le 20 juin, présenter des pétitions à l'Assemblée et au roi.

17 juin

L'Assemblée forme une « commission des douze » — sept feuillants et cinq girondins — pour veiller aux dangers de la patrie. Il s'agissait là d'une sorte de premier comité de salut public.

19 juin

Les faubourgs grouillent de visages que l'on ne voit à Paris qu'aux heures sombres. Çà et là des groupes armés se forment. Le bruit court que dix-huit mille *chevaliers du poignard* sont rassemblés au château et que le roi « s'est confessé et a fait son testament ». Un cri domine tous les autres : il faut aller à l'Assemblée exiger la suppression du veto! Or, le directoire du département — un organisme ressemblant à notre actuelle préfecture de la Seine — a décrété que « tout rassemblement serait contraire à la loi ».

Pétion, maire de Paris, veut « légaliser le mouvement » qu'il ne peut enrayer et autorise « l'attroupement à marcher et à se réunir sous ses drapeaux et sous les commandement de ses chefs ».

20 juin

Les postes habituels de la garde nationale protégeant les Tuileries n'ont pas été doublés : on se contente de fermer les grilles. Le matin, les pétitionnaires veulent défiler à la barre de l'Assemblée. Un de leurs délégués est admis et déclare aux députés : « Nous demandons que vous pénétriez la cause de l'inaction de nos armées. Si elle dérive du pouvoir exécutif, qu'il soit anéanti. Le sang des patriotes ne doit pas couler pour satisfaire l'orgueil et l'ambition du perfide château des Tuileries. »

« A deux heures, précédés d'une dizaine de musiciens, nous dit un témoin, c'est le défilé des citoyens de toutes les sections, confondus avec des détachements de la garde nationale. Les hommes sont armés de piques, de bisaiguës, de tranchets, de couteaux, de bâtons; quelques femmes portent des sabres. Diverses enseignes sont déployées. On y lit des inscriptions menaçantes, telles que : *A bas le Veto! Avis à Louis XVI : le peuple est las de souffrir. La liberté ou la mort!* » Le défilé terminé, la foule veut s'écouler par les Tuileries. Sous sa pression, les grilles cèdent et les pétitionnaires, après avoir traversé le jardin, reviennent par les guichets du Louvre et se retrouvent au Carrousel devant l'entrée du château.

Il est quatre heures.

Santerre, sorti le dernier de l'Assemblée, se tient devant la grande porte. On l'entend demander : « Pourquoi n'êtes-vous pas entrés dans le château? Il faut y aller; nous ne sommes descendus que pour cela. » Le château est envahi. Les « Piques » cherchent d'abord la reine qui est parvenue à se cacher avec ses enfants. A son défaut, la foule trouve le roi dans l'Œil-de-Bœuf et l'assiège, lui demandant de retirer son veto. « La force ne fera rien sur moi, déclare Louis XVI, je suis au-dessus de la terreur. »

Le 20 juin 1792 est organisée, à Paris, une grande manifestation populaire afin de contraindre Louis XVI à renoncer à son droit de veto. Arrivée aux Tuileries, la foule pénètre dans le château et atteint les appartements du roi. C'est alors qu'a lieu l'épisode rappelé par une gravure populaire (en bas à gauche) : Louis XVI acculé dans une embrasure de fenêtre, protégé seulement par quelques grenadiers, prend le bonnet rouge

qu'on lui tend au bout d'une pique, s'en coiffe crânement et, ainsi déguisé (en haut à gauche), boit à la santé de la Nation. Mais il maintient le veto. L'échec de cette journée sera la cause première de la dramatique insurrection du 10 août, immortalisée par le tableau anonyme ci-dessus : un bataillon de Marseillais auquel se sont joints Parisiens et gardes nationaux tente de forcer les Tuileries, défendues par les derniers fidèles de la monarchie et par les Suisses qui ouvrent le feu. Le tir des patriotes répond. Une heure plus tard, la Révolution sera maîtresse du château et ses défenseurs en partie massacrés.

On lui tend un bonnet rouge, il s'en coiffe, accepte tout, mais refuse de céder. Pétion finit par apparaître aux Tuileries et s'avance vers le roi :

— Sire, je viens d'apprendre *dans l'instant* la situation dans laquelle vous êtes...

— Cela est bien étonnant, reprend paisiblement Louis XVI, il y a deux heures que cela dure!

Pétion se juche sur les épaules de deux grenadiers... Le roi agite une sonnette et le maire commence sa harangue : « Le peuple a fait ce qu'il devait faire. Vous avez agi avec la fierté et la dignité d'hommes libres. Mais en voilà assez : que chacun se retire. »

La foule s'écoule dans le château pour visiter, à l'invitation du roi, les grands appartements. En ouvrant la porte de la chambre du Conseil, tous s'arrêtent interdits, Marie-Antoinette, qu'ils ont tant cherchée, est là, derrière une table sur laquelle se tient debout le petit dauphin. Lentement le peuple passe. Les yeux injectés de sang, très pâle, mais la tête droite, Marie-Antoinette regarde ces hommes et ces femmes qui agitent des poignées de verges, portant des écriteaux : *Marie-Antoinette à la lanterne!*

A huit heures du soir, le terrible défilé s'achève. Louis XVI peut enfin retrouver sa femme. Sa sœur et ses enfants se jettent dans ses bras.

22 juin

Louis XVI semble maintenant sorti de son apathie et n'hésite pas à adresser une semonce violente au maire de Paris. Son manifeste a un ton que le roi n'abandonnera plus jusqu'à l'échafaud et qui en imposerait si la monarchie n'était pas arrivée à bout de souffle : « Des Français qui ont horreur de la liberté s'arment contre notre constitution. Citoyens, la patrie est en danger!... »

25 juillet

Longwy et Verdun sont pris. L'Assemblée, après avoir organisé la veille des bataillons de volontaires, décrète que tout commandant de place forte sera condamné à mort s'il capitule avant qu'une brèche n'ait été ouverte dans ses murs.

Ce même jour, de Coblence, Brunswick lance son fameux manifeste menaçant Paris d'une exécution militaire « s'il est fait la moindre violence, le moindre outrage à LL. MM. le roi et la reine ».

30 juillet

Arrivée à Paris des fédérés marseillais. Ils débouchent place de la Bastille, drapeaux en tête, en chantant le *Chant de guerre pour l'armée du Rhin*, dont les paroles enflamment les habitants sur leur passage. Le soir, un grand banquet patriotique est donné en leur honneur.

31 juillet

La section de Mauconseil, dans le quartier des Halles, déclare qu'elle ne reconnaît plus Louis XVI comme roi des Français.

1er août

Le texte du manifeste de Brunswick va mettre le feu aux poudres.

3 août

Quarante-sept sections réclament la déchéance de Louis XVI.

9 août

L'Assemblée demeure sourde aux demandes des sections. Elle lève la séance à 9 heures du soir au lieu de siéger en permanence. C'est laisser la voie libre à la Révolution. Le soir, le tocsin commence à sonner; des groupes inquiétants se montrent aux grilles du château. L'assaut final sera-t-il donné demain? Des fidèles accourent afin de se ranger près du roi.

10 août

Le tocsin s'arrête vers 4 heures, mais le lourd silence qui succède aux volées de cloches paraît plus angoissant encore... Tout Paris marche sur les Tuileries. Vers 6 heures du matin, Louis XVI « tout dépoudré », la perruque aplatie d'un côté, descend au jardin afin de passer les troupes en revue. Les Suisses crient : *Vive le roi!* Tout en se dandinant, Louis avance vers la garde nationale. Il semble « peiné, inquiet, mais s'efforce de paraître serein ». Sur son passage, les artilleurs n'acclament que la nation, mais bientôt, du côté de la terrasse des Feuillants,

Deux gravures populaires (à gauche) évoquent la déchéance du traître Louis XVI *et de la* panthère autrichienne *(Marie-Antoinette). Les traits des souverains sont reproduits par deux médaillons suspendus à des lanternes avec cette inscription : « Cette suspension vaut bien la déchéance. »*

Cette gravure représente dans un style naïf la prise des Tuileries, dont les bâtiments apparaissent à travers les nuages de fumée qui accompagnent la fusillade.

montent des cris : « *A bas Veto ! A bas le cochon !...* » Pâle, comme s'il avait cessé d'exister, nous dit un témoin, le roi regagne le château. Des canonniers abandonnent déjà leur poste pour rejoindre l'avant-garde des *Piques* qui approche des Tuileries. Rœderer, procureur général syndic, déclare au roi d'un ton pressant :

— Sire, Votre Majesté n'a pas cinq minutes à perdre, il n'y a plus de sûreté pour Elle que dans l'Assemblée nationale. Vous n'avez pas dans les cours un nombre d'hommes suffisant pour la défense du château, leur volonté n'est pas non plus bien disposée. Les canonniers, à la seule recommandation de la défensive, ont déchargé leurs canons...

— Mais, dit le roi, je n'ai pas vu grand monde au Carrousel.

— Sire, il y a douze pièces de canon et il arrive un monde immense des faubourgs...

Les assistants retiennent leur souffle... Au loin, on entend le sourd murmure de l'émeute...

— Sire, reprend Rœderer, le temps presse, ce n'est plus une prière, ce n'est plus un conseil... Nous vous demandons la permission de vous entraîner.

Les mains sur les genoux, assis près d'une table, le roi se tait... puis, levant ses yeux de myope et se retournant vers la reine, il lance le même ordre qu'il donnera le matin du 21 janvier : « Marchons ! » Le premier, il sort de la chambre. La reine et le dauphin le suivent; puis Madame Élisabeth donnant le bras à sa nièce. Dans les antichambres, le groupe de Suisses, d'officiers et de gentilshommes s'inclinent une dernière fois devant cette royauté qui déserte et pour laquelle ils vont mourir. Entre deux haies de gardes nationaux, on traverse le jardin. Sous les arbres des Tuileries, les jardiniers ont rassemblé des tas de feuilles. On y enfonce jusqu'aux jambes. « Voilà bien des feuilles, constate le roi, elles tombent de bonne heure cette année... » Puis il poursuit sa route, « abasourdi et sans forces », marchant vers ces députés en qui il veut, malgré tout, avoir confiance.

En pénétrant dans la salle des séances, Louis XVI prononce-t-il les paroles pleines de dignité que *le Moniteur* met dans sa bouche ? « Je suis venu ici pour éviter un grand crime et je pense que je ne saurais être plus en sûreté qu'au milieu de vous. » Le président répond prudemment : « Vous pouvez, Sire, compter sur la fermeté de l'Assemblée nationale. » Cette « fermeté » consiste d'abord à enfermer le roi et les siens dans une petite loge placée derrière le fauteuil du président et qui sert habituellement aux rédacteurs du *logographe.* Ils demeureront entassés dans cette boîte minuscule jusqu'à dix heures du soir. A deux pas, la canonnade et la mousqueterie font rage. Les Suisses vont-ils réussir à se maintenir au château en dépit de l'ordre envoyé par Louis XVI de cesser le feu ? Enfin, le canon diminue... puis on n'entend plus que des coups de feu isolés. C'est le silence : le château a succombé. Mais les députés ne sont plus les maîtres... La commune, Robespierre, Marat, Danton commandent et exigent qu'on en finisse. Au début de l'après-midi, Vergniaud se lève de son siège, invoque la « douleur » dont ses collègues sont pénétrés pour leur demander d'adopter sur-le-champ deux mesures : « *Le peuple français est invité à former une Convention nationale... Le chef du pouvoir exécutif est provisoirement suspendu de ses fonctions.* »

La monarchie, vieille de tant de siècles, n'est plus.

ET PENDANT CE TEMPS...

1785

Ligue des princes allemands pour le maintien du traité de Westphalie.
L'Anglais Edmund Cartwright invente le métier à tisser et à carder la laine.

1786

Mort de Frédéric II de Prusse ; son neveu Frédéric-Guillaume II lui succède.

1787

Déclaration de guerre de la Turquie à la Russie, alliée à l'Autriche.
La Constitution américaine est votée. La Chambre des représentants et le Sénat forment le Congrès et reçoivent le pouvoir législatif. Le pouvoir exécutif est mis entre les mains d'un président élu pour quatre années au suffrage indirect.

1788

A Londres fondation du *Times*.

1788-1790

Guerre russo-suédoise et guerre russo-turque.

1789

Début de la présidence de George Washington aux États-Unis.
Les Pays-Bas autrichiens — les « provinces belgiques » — se révoltent contre Joseph II.

1790

L'empereur Joseph II meurt; son frère Léopold II lui succède.
Mort de Franklin.

1791

Léopold II empereur d'Autriche meurt, François II lui succède.
L'Autriche abandonne la Russie et signe avec la Turquie le traité de paix de Sistova.
Fin de la Diète de quatre ans commencée en 1788. La « constitution de mai » fait de la Pologne une monarchie parlementaire héréditaire.

1792

En Pologne, confédération de Targowice.
La Russie signe avec la Turquie le traité de Jassy (ou de Iassy). Du Bug au Dniester, la côte devient russe.

SOURCES
ET
BIBLIOGRAPHIE
SOMMAIRES

TABLE
DES
ILLUSTRATIONS

SOURCES ET BIBLIOGRAPHIE SOMMAIRES

LA FIN DE L'ANCIEN RÉGIME

Dans l'abondante bibliographie qui concerne cette période, on peut retenir les ouvrages suivants :
Faÿ (Bernard) : LOUIS XVI (1965). Mousnier (Roland) et Labrousse (Pierre) : LE XVIIIe SIÈCLE (tome V de l'HISTOIRE GÉNÉRALE DE LA CIVILISATION FRANÇAISE, 1955).

Outre les ouvrages de Pierre de Nolhac sur Marie-Antoinette, on citera le livre d'André Castelot (1952), muni d'une précieuse bibliographie. Le tome Ier de l'HISTOIRE DE FRANCE CONTEMPORAINE d'Ernest Lavisse, œuvre de Philippe Sagnac (1920), reste utile à consulter de même que le livre de Daniel-Rops, L'ÉGLISE DES RÉVOLUTIONS (1960). D'Edgar Faure, LA DISGRACE DE TURGOT (1964) donne une excellente synthèse des débuts du règne. Naturellement, L'ANCIEN RÉGIME d'Albert Méthivier (1964) et, du même auteur, LA FIN DE L'ANCIEN RÉGIME (1970) sont à consulter. Les VOYAGES EN FRANCE d'Arthur Young (3 volumes, 1936) donnent un tableau partial mais vivant de la France à la veille de la Révolution, de même qu'on consultera le livre de Pierre Goubert et Michel Denis, 1789 : LES FRANÇAIS ONT LA PAROLE (1964), pour connaître les revendications formulées dans les cahiers de doléances si l'on ne peut se reporter aux textes eux-mêmes.

Ouvrages généraux sur la Révolution :
LA RÉVOLUTION FRANÇAISE de Pierre Gaxotte qu'il faut lire dans la nouvelle édition de 1970, celle de Jacques Godechot, LES RÉVOLUTIONS FRANÇAISES, 1770-1799 (1963). Bernard Faÿ, LA GRANDE RÉVOLUTION (1959) et LA RÉVOLUTION FRANÇAISE d'Albert Soboul (1962). Jacques Levron, LA RÉVOLUTION FRANÇAISE (1966). Plus ancienne mais intéressante, Albert Mathiez, LA RÉVOLUTION FRANÇAISE (1922).

Quelques événements majeurs : Jacques Godechot, LA PRISE DE LA BASTILLE (1965). André Castelot, VARENNES OU LES OCCASIONS MANQUÉES (1971). Mario Douhet, LES FEMMES DE LA RÉVOLUTION (1971).

« GRANDS ÉCRANS »

GRANDES FIGURES DE LA CONSTITUANTE ET DE LA LÉGISLATIVE. — De nouveau, nous nous sommes reportés aux ouvrages déjà cités d'Albert Mathiez et d'Albert Soboul. Nous y avons ajouté le grand travail de Philippe Sagnac pour l'HISTOIRE DE FRANCE CONTEMPORAINE de Lavisse (1920); et aussi LES HOMMES DE LA RÉVOLUTION par Louis Madelin (1928); ainsi que la belle monographie du duc de Castries : MIRABEAU OU L'ÉCHEC DU DESTIN (1960); celle de Jacques Kayser : LA VIE DE LA FAYETTE (1928). La présentation de François Rude à l'introduction à la RÉVOLUTION FRANÇAISE de Barnave nous a été fort utile (1960).
UNE NOUVELLE FRANCE. — Il faudrait encore citer la belle étude de Marcel Reinhard pour l'HISTOIRE DE FRANCE de Larousse, ainsi que celles de Georges Lefebvre (1951); LA RÉVOLUTION FRANÇAISE par Pierre Gaxotte (1921, nouvelle édition 1970).

page 8
Musée des Arts africains et océaniens, Paris.

page 10
Cabinet des Estampes. Bibliothèque Nationale. Paris.

page 11 haut et bas
Musée de Versailles. Cliché des Musées Nationaux.

pages 12 et 199 haut
Musée Carnavalet. Photo Hubert Decaux.

page 13
Cabinet des Estampes. Bibliothèque Nationale. Photo Hachette.

page 15
Musée de Versailles. Photo Bulloz.

page 16
Musée Carnavalet. Photo J. da Cunha.

page 19
Collection particulière. Photo couleurs J. da Cunha.

page 20
Cabinet des Estampes. Bibliothèque Nationale. Photo B.N.

page 20 bas
U.S.I.S.

page 22
Musée de Versailles. Cliché des Musées Nationaux.

page 23
Cabinet des Estampes. Bibliothèque Nationale. Photo B.N.

page 24
Musée de Versailles. Photo J. da Cunha.

pages 25, 26 et 27
Cabinet des Estampes. Bibliothèque Nationale. Photos B.N.

page 28
Musée de Versailles. Cliché des Musées Nationaux.

page 29 haut
Musée de la Marine, Paris. Photo Bulloz.

pages 29 bas et 31 haut
Cabinet des Estampes. Bibliothèque Nationale. Photos J.-L. Charmet.

page 31 bas
Bibliothèque de la Comédie-Française. Photothèque Plon-Perrin.

TABLE DES ILLUSTRATIONS

page 32
Musée Carnavalet. Photo J. da Cunha.

page 33
Musée de Versailles. Cliché des Musées Nationaux.

page 35
Musée de Croix, Namur. Photo P.A. Dandoy.

page 36
Musée de Versailles. Photo J. da Cunha.

page 38 haut et bas
Musée de Versailles. Cliché des Musées Nationaux.

page 39 haut
Musée Condé, Chantilly. Photo Giraudon.

page 39 bas
Cabinet des Estampes. Bibliothèque Nationale. Photo B.N.

page 40
Cabinet des Estampes. Bibliothèque Nationale. Photothèque Plon-Perrin.

page 41
Cabinet des Estampes. Bibliothèque Nationale. Photo J.-L. Charmet.

page 43
Cabinet des Estampes. Bibliothèque Nationale. Photo B.N.

page 44
Droits de reproduction réservés.

pages 46 et 47
Musée des Beaux-Arts, Lille. Photo couleurs J. da Cunha.

pages 49 et 50
Cabinet des Estampes. Bibliothèque Nationale. Photos J.-L. Charmet.

page 52
Musée de Grenoble. Photo Piccardy.

page 54
Cabinet des Estampes. Bibliothèque Nationale. Photo B.N.

page 53
Cabinet des Estampes. Bibliothèque Nationale. Photo J.-L. Charmet.

page 57
Cabinet des Estampes. Bibliothèque Nationale. Photo B.N.

page 59
Cabinet des Estampes. Bibliothèque Nationale. Photo J.-L. Charmet.

page 60
Cabinet des Estampes. Musée Carnavalet. Photo J. da Cunha.

page 61
Cabinet des Estampes. Bibliothèque Nationale. Photo B.N.

page 62
Cabinet des Estampes. Bibliothèque Nationale. Photo J.-L. Charmet.

page 63
Musée Carnavalet. Photo J. da Cunha.

pages 64 et 65
Musée Carnavalet. Photo couleurs J. da Cunha.

page 67 haut
Musée des Beaux-Arts, Bordeaux. Photo E. Tweedy.

page 67 bas
Musée de Versailles. Cliché des Musées Nationaux.

page 69 haut
Cabinet des Estampes. Bibliothèque Nationale. Photo B.N.

page 69 bas
Musée Granet, Aix-en-Provence. Photo Henry Ely.

page 70
Musée de Versailles. Photo Bulloz.

page 72
Cabinet des Estampes. Bibliothèque Nationale. Photo B.N.

page 73
Cabinet des Estampes. Bibliothèque Nationale. Photo couleurs B.N.

page 74
Musée de Versailles. Photo couleurs J. da Cunha.

pages 76 et 77
Musée Carnavalet. Photo couleurs J. da Cunha.

pages 75 haut et bas et 78
Cabinet des Estampes. Bibliothèque Nationale. Photos B.N.

page 79
Musée Carnavalet. Photo Bulloz.

page 80
Cabinet des Estampes. Bibliothèque Nationale. Photothèque Plon-Perrin.

page 81
Cabinet des Estampes. Bibliothèque Nationale. Photo B.N.

pages 84, 85, 86 et 88
Cabinet des Estampes. Bibliothèque Nationale. Photos B.N.

page 89
Département des Cartes et Plans. Bibliothèque Nationale. Photo J.-L. Charmet.

page 91
Cabinet des Estampes. Bibliothèque Nationale. Photo B.N.

pages 92 et 93 haut
Musée des Beaux-Arts, Lille. Photo couleurs J. da Cunha.

page 92 bas
Cabinet des Estampes. Bibliothèque Nationale. Photothèque Plon-Perrin.

page 93 bas
Musée Carnavalet. Photo J. da Cunha.

pages 94 et 95
Cabinet des Estampes. Bibliothèque Nationale. Photos B.N.

page 96 haut
Musée Carnavalet. Photo couleurs J. da Cunha.

page 96 bas
Musée du Louvre. Photo couleurs J. da Cunha.

page 97
Musée Carnavalet. Photo couleurs J. da Cunha.

page 98 gauche
Photothèque Plon-Perrin.

page 98 milieu et droite
Photo Bulloz.

page 99 haut
Musée Carnavalet. Photo Bulloz.

page 99 bas
Photo Bulloz.

page 100
Collection particulière. Avec l'autorisation de Mes Ader et Picard. Photo couleurs J.-L. Charmet.

page 101
Musée Carnavalet. Photo couleurs J. da Cunha.

page 102
Cabinet des Estampes. Bibliothèque Nationale. Photo B.N.

page 103
Collection particulière. Photo Hubert Decaux.

page 105
Cabinet des Estampes. Bibliothèque Nationale. Photos B.N.

page 106
Cabinet des Estampes. Bibliothèque Nationale. Photothèque Plon-Perrin.

pages 108 et 109
Musée des Beaux-Arts, Strasbourg. Photos couleurs du musée.

page 110
Cabinet des Estampes. Bibliothèque Nationale. Photo J.-L. Charmet.

page 112 haut
Cabinet des Estampes. Bibliothèque Nationale. Photo couleurs H. Decaux.

page 112 bas
Musée Carnavalet. Photo J. da Cunha.

page 113
Musée de Versailles. Cliché couleurs des Musées Nationaux.

page 114 gauche
Bibliothèque Nationale. Cl. I.R.L.

pages 114 et 115
Bibliothèque Nationale. Cl. I.R.L.

page 116
Musée des Beaux-Arts, Lille. Photo J. da Cunha.

Cet ouvrage
a été imprimé sur les presses de
G. Canale & C. à Turin
et relié par les Éts Brun à Malesherbes
pour les Éditions
Robert Laffont
à Paris.

Nº d'éditeur : 5977 - Imprimé en Italie
Dépôt légal : septembre 1986
ISBN : 2-221-50443-7